KB152608

신성을 밝히는 길

신성을 밝히는 길

진정한 삶의 목적을 찾아 가는 길   一指 이승헌

한문화

여기에 실린 글은 저자가 단학 초창기인 1985년부터 1990년까지 일반인과 회원을 대상으로
전국을 순회하면서 강연한 강연록 모음이다. 삶의 본질을 꿰뚫는 깨달음의 메시지는 세월이
지나도 변함없는 사랑을 받으며 단학의 고전으로 자리잡고 있다.

책을 내면서

인류 역사를 통하여 종교와 문학은 끊임없이 인간의 구원을 추구해 왔다. 그럼에도 불구하고 아직도 수많은 사람들이 인간의 실체와 삶의 목적을 모르고 방황하고 있다. 그 이유는 너무나 많은 사상과 가르침의 범람 때문이기도 하다.

그런 생각을 하면서도 이번 강천집 발간에 동의한 이유는 나의 강천 내용은 또 하나의 재래식 사상이나 가르침이 아니기 때문이다. 오히려 기존의 종교와 사상의 틀로부터 과감히 벗어날 것을 강조하고 있다.

인간은 그 자체가 법이며 진리이며 원리이기 때문에 인간의 본성本性을 밝히는 일이야말로 진리에 가장 가까이 다가갈 수 있는 방법이다. 많은 사람들이 믿고 있는 하나님에 대한 생각부터 바뀌지 않으면 안 된다. 또한 나의 실체라고 믿어 온 관념이나 생각, 감정으로부터 자유로워져야 한다. 인간의 실체는 얼 또는 마음이며 마음은 곧 자연의 현상을 뜻한다. 인간은 우주의 일부분이자 전체이기 때문이다.

사실 '네 몸 안에서 구하라!'는 말을 따를 만한 진리는 없다. 단학丹學

은 바로 몸 공부를 통해 깨달음에 이르는 심신 수행 방법이다. 나는 방편으로서 많은 말을 했지만 단학은 원래 말이 필요없는 공부이다.

나는 이 책을 통해서 많은 사람들이 '인간 완성학' 이라는 학문의 필요성을 공감하기를 바란다. 또한 이 기회에 다시 한 번 삶의 목적을 생각해 보면서 인간 완성에 이르고자 하는 구도심求道心이 확실히 싹트기를 열망한다.

나는 이 책에서 기존 종교의 역할에 대해 다소 부정적이고 우리 민족의 민족 정신에 대해 많이 강조한 감이 없지 않다. 세계주의를 주창하는 현대에 있어서 민족 정신을 강조한 것을 고리타분하게 생각하는 독자도 있으리라고 본다. 그러나 우리 민족은 그 동안 구심점이 없는 채 지나치게 외래 사상과 종교에 중독되어 온 것이 사실이다. 그러므로 지금 우리 나라의 혼란상은 법이나 제도에 문제가 있다기보다는 근본, 뿌리, 정신에 문제가 있다고 생각한다.

우리 민족의 건국 이념인 홍익인간弘益人間, 이화세계理化世界의 정신은 대단한 것으로서 21세기의 지구촌을 살릴 수 있는 마지막 정신이라고 확신하고 있다. 이 정신이 현대적으로 재조명되어 많은 사람들의 공감을 얻게 되기를 바란다.

이 책에서 말하고자 하는 나의 생각과 바람은 정론定論이 아닌 부분도 많으며 불완전한 면이 있으리라고 본다. 나의 이 불완전한 생각과 바람이 독자들의 마음 속에 심어져 싹이 트고 꽃이 피어 더욱더 완전해졌으면 한다. 우리 모두 신神이 되어 인간과 만물을 다 같이 조화롭게 하는 일에 동참할 수 있기를 바란다.

일천구백구십년(단기 사천삼백이십삼년)

일지 이승헌

차례

단전호흡을 하기 전에

반갑습니다. 오늘 여러분과 단학丹學에 대해서 공부하는 시간을 갖게 되어서 기쁘게 생각합니다.

단학 수련은 심신 수련을 말합니다. 오늘 이 자리에 모이신 분들은 의학계에 종사하는 녹십자의 임원진으로 알고 있습니다. 오늘은 의약품에 의존하지 않고 정신 수련으로써 건강을 관리하고 유지하는 방법에 대해서 같이 생각해 보고자 합니다.

우리의 몸은 크게 몸과 마음과 기로 나눌 수 있습니다. 몸과 마음 가운데 기氣라는 것이 있는데, 단학은 기를 터득하고 활용하는 방법을 학문화시킨 것입니다. 기는 생체 에너지라고도 말합니다.

예전에는 그 기를 터득하기가 굉장히 어려웠습니다. 요즈음에는 단전호흡이라는 방법이 많이 유행하고 있습니다.

많은 사람들이 '단학' 하면 단전호흡을 연상합니다. 단학 수련 과정은 크게 세 가지로 나뉘는데 단전호흡은 그 중의 한 방법입니다. 단학에는 첫째 지감止感이라는 수련 방법이 있습니다. 지감은 순수한 정신 통일, 명상입니다. 그 다음은 조식調息이 있습니다. 이것을 단전호흡이라고 말합니다. 마지막으로 금촉禁觸 수련이라고 해서 마음을 다스리고 성격을 바꾸는 수련 방법이 있습니다.

우선 간단하게 여러분의 건강 상태를 단학에서 체크하는 방법으로 점검해 보겠습니다. 여러분의 건강 상태, 근육의 이완도, 긴장도를 보는 것입니다. 마음을 편안하게 가지시기 바랍니다. 머리에 기억하려 하지 말고 몸에 습관이 될 수 있도록 하십시오. 짧은 시간이지만 실질적으로 생활하는 데 도움이 될 수 있도록 하려고 합니다.

손을 가슴에 모아 보세요. 각자 깍지를 껴 보세요. 그 다음에 쭉 위로 올리세요. 자, 이제는 다시 한 번 밀어 보세요. 다시 한 번 쭉 밀어 보세요. 이 동작과 호흡하면서 하는 동작을 비교해 보겠습니다. 자, 이제 한번 숨을 쭉 들이쉬어 보세요. 숨을 들이쉬면서 깍지낀 손을 위로 쭉 올리세요. 숨 멈추고, 아랫배에 힘주고…. 입으로 내쉬면서 깍지낀 손을 제자리로 가져옵니다. 다시 한 번 들이쉬면서 손을 이제는 앞으로 쭉 밀어 보세요. 숨 멈추고, 아랫배에 힘주고…. 내쉬면서 동작을 풀어 줍니다. 다시 한 번 숨 들이쉬면서 앞으로 쭉 밀어보세요. 숨 멈추고, 아랫배에 힘주고, 후우 내쉬면서 동작을 풀어 줍니다. 이 두 가지 동작을 여러분이 비교하시면, 호흡을 하면서 하는 것과 그냥 하는 것과 어떤 차이가 나는지 금방 느낄 수 있습니다.

단전호흡을 통해서 하는 이런 것을 활신법活身法이라고 합니다. 몸을 움직여 주는 것입니다. 몸을 움직여 주는 동작은 여러 가지가 있습니다. 한 삼백여 개의 동작이 있는데 오늘은 사무실에서, 간단하게 할 수 있는 방법을 알려 드리겠습니다. 이것을 오후 시간에 졸음이 오고 피곤할 때 하게 되면 온몸의 내장 속에 있는 피를 겉의 모세혈관 세포에 까지 한꺼번에 공급해 주게 됩니다.

그러니까 그냥 동작을 할 때와 숨을 들이마시며 할 때와는 다른점을 느끼게 됩니다. 호흡을 병행하면서 하게 되면 산소를 충분히 공급시켜 주므로 피로가 풀리게 됩니다.

그리고 단전호흡을 하게 되면 신장이 위아래로 약 3~5센티미터 가량 움직여집니다. 이것은 엑스레이에서 나타나는 현상입니다. 신장이 움직여지고 신장뿐만 아니라 각 장기에 혈액의 공급이 훨씬 많아진다는 것이 증명되고 있습니다. 그러므로 단전호흡을 하면 신장 질환, 당뇨병, 여러 가지 위장병, 노이로제 환자들이 실질적으로 상당히 좋아지는 효과를 보게 됩니다.

그래서 좋아지는 이유가 어디에 있는지 분석했습니다. 분석하는 것도 한계가 있습니다. 현대 의학에서 분석할 수 있는 것은 혈액입니다. 혈액의 변화를 보니까 혈액 순환이 왕성해지고 혈중 산소 농도도 훨씬 증가되고 피가 맑아지는 것을 발견했습니다. 또 혈관에 힘을 주다 보면 보통 우리말로 핏대가 서게 됩니다. 혈관이 굵어집니다. 또한 혈관이 굵어졌다 줄어들었다 하니까 그 곳에 있는 콜레스테롤이 감소되는 현상이 나타나는 것이 의학적인 통계입니다.

또 다른 차원에서 단전호흡의 결과를 설명할 수도 있습니다. 이 수련에는 수승화강水昇火降이라는 원리가 있습니다. 수기水氣는 보통 차다고 말합니다. 시원합니다. 수승화강이라는 것은 수기는 머리로 올라가고 화기火氣는 아래로 내려간다는 뜻입니다. 허약한 상태, 병든 상태에서는 머리에 열이 납니다. 또 신경을 많이 쓰다 보면 머리가 아픕니다. 열이 나기 때문에 그런 것입니다. 그런데 단학 수련을 하게 되면 머리가 맑아지고 하단전 부위가 따뜻하게 됩니다. 기가 돌기 때문에 피가 도는 것입니다.

그런데 혈액 순환을 바꿔 놓는 것이 있습니다. 그것이 감정입니다. 기분이 나쁘면 핏대가 선다, 화가 난다고 합니다. 화가 나게 되면 머리 위로 열이 솟구칩니다. 열이 솟구치는 것은 피가 그쪽으로 많이 모이기 때문입니다. 그런데 배꼽 밑 5센티미터 되는 위치에 있는 단전으로 호흡을 함으로써 열을 아래로 내려주게 됩니다.

대부분의 사람들은 가슴으로 호흡을 합니다. 단전호흡은 심장을 아래쪽으로 바꾼다는 뜻도 있습니다. 특별히 아랫배에다 인공 심장 비슷한 것을 착용한다고 생각하면 쉬울 것입니다. 무좀은 일종의 곰팡이인데 이 수련을 하면 무좀이 없어집니다. 또한 안경을 쓰고도 시력이 0.2 ~0.3 정도인 사람이 1.5까지 올라가는 경우도 많이 있습니다. 아주 깊이까지는 연구가 아직 안 되어 있지만 우리 몸에 어떤 변화를 가져다주는 것은 틀림없습니다.

또 여자가 그런 경우가 많이 있는데 손발이 축축하고 찬 여성의 경우 이것을 석 달 정도 매일 한 시간씩만 해 주면 손과 발이 따뜻해집니다. 이러한 증상을 병이라고 할 수는 없지만 기능상의 문제가 있는 것은 확실합니다. 이것만 보아도 단전호흡이 우리 몸에 영향을 미치는 것은 틀림없습니다.

그러니까 혈액 순환을 왕성하게 해 줌으로써 머리가 맑아지고 아랫배가 더워지게 되는 것입니다.

다시 말해서 기가 돌기 때문에 피가 도는 것이므로 내장에서 순환되지 않는 피를 원활히 펌프질해 줌으로써 몸의 각 부위 기능이 좋아지는 것입니다.

우리 몸이 건강하지 못한 이유는 아랫배가 차기 때문입니다. 맥주 한 컵을 마시거나, 또 밤에 이불을 덮지 않을 경우 설사를 하는 사람은 내장이 차기 때문입니다. 단전호흡을 해서 머리가 맑아지고 내장 부위가 더워지게 되면 생리적으로 입에서 침이 나오게 됩니다. 마음이 불안하고 초조하다 보면 입이 바짝바짝 탑니다. 자연 치유력이 떨어졌기 때문입니다. 그 상태가 오래되면 우리 몸은 병에 걸리기 쉽습니다.

신경을 오래 쓰다 보면 과로하게 되고 과로하다 보면 병에 걸리게 되는데 단전호흡을 하면 입 안에 침이 가득 고이게 되고 머리는 맑아지고 아랫배는 항상 더운 상태를 유지하게 됩니다. 즉 자연 치유력이 극대화되는 상태가 됨으로써 우리 몸이 아주 건강하게 됩니다. 이와 같이 단학의 건강 원리는 수승화강의 원리입니다.

그러나 사회 생활을 하다 보면 수승화강이 되는 것이 아니라 그 반대가 되기 쉽습니다. 머리를 많이 쓰다 보니 머리는 항상 열을 받고, 그러다 보니 아랫배는 항상 허전하고, 노쇠 현상도 빨리 오게 됩니다. 그래서 하루에 한 시간씩은 우리 몸을 건강한 상태로 유지시켜 주고 수승화강이 습관적으로 될 수 있도록 해 주는 것이 중요합니다.

호흡은 운동 기구로 하는 것이 아니니까 어느 곳에서든지 할 수가 있습니다. 마음을 가라앉히고 그냥 호흡을 해 주면 됩니다. 호흡하는 습관만 바뀌어진다면 우리 몸의 건강을 관리, 유지하는 데 큰 도움이 될 것입니다. 또 오랫동안 불면증이나 여러 가지 질병에 시달린 사람은 단전호흡으로 획기적인, 기적과 같은 효과를 볼 수 있습니다. 체질이 완전히 바뀌는 놀라운 변화를 경험하게 됩니다.

다시 한 번 점검을 해 보겠습니다. 우리 몸은 안 써 주면 굳어 버립니다. 아까는 앞으로 깍지를 껴 보았는데 이번에는 뒤집어서 해보겠습니다. 오른팔을 밑으로 쭉 뻗고 왼쪽으로 한 바퀴 돌려 뒤 집어서 손바닥이 위로 향하게 합니다. 왼팔은 오른팔 위로 얹어 손바닥끼리 마주보고 깍지를 낍니다. 숨을 쭉 들이쉬면서 깍지낀 손을 몸 안쪽으로 돌려서 뒤집어 밖으로 쭉 뻗습니다. 숨 멈추고, 아랫배에 힘주고, 깍지낀 손을 몸 안쪽으로 돌려서 제자리에 놓으면서 내쉬고. 다시 한 번 하겠습니다. 숨 들이마시면서 깍지낀 손을 안쪽으로 돌려서 밖으로 쭉 뻗고, 숨 멈추고 아랫배에 힘주고 입으로 내쉽니다. 이제 팔을 바꾸어 주세요. 동작은 같고 팔 위치만 바꾸어 주세요. 숨 들이마시고 팔 뻗고 멈추고 내쉬고 이것이 안 되는 분은 견관절, 주관절, 손목 관절이 굳어 있는 것입니다. 이것이 안 되면 인대가 굳어 있는 것입니다.

호흡을 하면서 이렇게 해 줄 때 신경, 경락이 잡아당겨지므로 내장의 기능이 좋아집니다. 나이가 들면 우리의 근육이 자꾸 오그라들게 됩니다. 평상시에는 가만히 앉아 있기 때문에 오그라드는지 안 오그라드는지 모릅니다. 그러니까 이런 동작을 해 보아야 압니다.

몸을 관리하는 방법으로 지금 이 동작 말고 또 하나 서서 할 수 있는 것이 있습니다. 두 다리를 어깨넓이만큼 벌리고 서서 손바닥을 바닥에 대는 것입니다. 이것이 되어야 합니다. 나이가 60살이 되면 대개 걸음을 이렇게, 발끝을 바깥으로 향하고 걷습니다. 왜냐하면 뒤쪽 근육이 오그라들어서 그런 것입니다. 그러면 목까지 당겨집니다.

사람은 뱃심이 있어야 됩니다. 사람에게는 뱃심과 뒷심과 허리 힘의 세 가지가 있는데 이 중에서 뱃심이 없으면 그 사람은 일을 할 수 있는 추진력이 없습니다. "뱃심이 없으니까 배에 힘 좀 줘!" 이렇게 말하기도 합니다. 뱃심이 없으면 머리로 생각만 하지 결국 행동으로 옮기지를 못합니다. 지나치게 머리만 씁니다.

원래 사람의 수명은 120살입니다. 우리는 생리적으로 120살을 살 수 있는 몸을 가지고 있습니다. 그러나 욕망 때문에 지나치게 머리를 쓰고 몸도 막 굴리게 되니까 60살을 넘기기가 어렵습니다. 관리를 잘 해 주고 무리만 하지 않는다면 우리 몸은 120살까지는 살아야 하고, 90살까지는 정상적인 성생활을 왕성하게 할 수 있어야 합니다. 그런데 우리는 너무 몸을 부려 먹고 몸에 대해서 정성을 거의 들이지 않습니다. 병이 생기고 이상이 있을 때만 병원에 가서 점검을 하는데 적당한 운동을 하지 않으면 우리 몸은 점점 오그라들게 됩니다.

그 결과 타고난 건강을 유지하지 못하고, 또 타고난 수명을 누릴 수 없는 것입니다. 뱃심을 길러 주는 것이 단학입니다. 아랫배가 힘이 없는 사람은 볼장 다 본 사람입니다. 아랫배는 항상 든든해야 합니다. 다들 일어나 보십시오. 배에 힘을 주고 쳐 보세요! 아침에 일어나서 단전 부위를 눈을 감고 백 번씩만 쳐 보세요. 아침에는 동쪽을 바라보고 저녁에는 서쪽을 바라보고 낮에는 방향에 관계 없습니다. 아무 쪽이나 햇빛이 환하게 드는 쪽으로 가급적이면 벽을 보지 않고 빛이 환히 보이는 쪽으로 바라보고 아랫배를 100회 정도만 치면 우리 몸에 혈액 순환이 잘 될 뿐만 아니라 피로가 풀립니다. 가라앉던 기운이 확 올라갈 수 있습니다. 이렇게 치다 보면 아랫배에 힘을 안 줄 수가 없습니다. 배에 힘을 안 주다 보니까 배가 자꾸 꺼지는 것입니다. 배에 힘이 없으면 허리에도 힘이 없어지는 것입니다. 앉으십시오. 손뿐만 아니라 주먹으로 쳐도 북 치는 소리가 나고 끄떡없을 정도가 되면 건강 관리에도 아무 지장이 없게 됩니다.

그 다음에 뒷심이라는 것이 있습니다. 뒷심이 없다는 것은 앞으로 구부릴 때 이 손이 땅에 안 닿는 상태입니다. 뒤가 굳어지고 뒷심이 없을 때는 무슨 일이 조금만 있어도 다리가 후들후들 떨립니다. 겁이 많아집니다.

그 다음에 허리 힘이 빠지는 정도에 이르면 의욕이 없어지고 체면까지도 없어집니다. 약해질 때는 체면이고 자존심이고 없습니다. 나이를 많이 먹으면 그렇게 되기 쉽습니다. 이러한 모든 힘을 주관하는 것이 뱃심입니다. 뱃심은 약을 먹어서 생기는 것이 아닙니다. 운동을 해야 생깁니다. 운동도 어쩌다 하는 것이 아니라 습관적으로 해야 됩니다.

그러면 지금부터 지감止感 수련을 하고 단전호흡에 들어가겠습니다. 한두 가지 수련을 반복해서 '이게 이런 것이구나!' 하고 느낄 수 있도록 하겠습니다.

우선 평상시 했던 호흡을 가슴으로 해 보겠습니다. 숨을 들이쉬고 내쉬세요. 호흡은 두 가지로 나눌 수 있습니다. 호흡에는 문식文息과 무식武息이 있습니다. 문식은 코로 들이쉬고 코로 내쉬는 것이고 무식은 코로 들이쉬고 입으로 내쉬는 것입니다.

이제 단전호흡을 하겠습니다. 허리를 쭉 펴십시오. 허리가 구부러져서는 호흡이 아랫배까지 내려가지 않습니다. 허리를 쭉 펴시고 양 손은 아랫배를 잡아 주세요. 그리고 숨을 들이쉬세요. 복식 호흡으로 생각하면 쉽습니다. 들이쉬고 숨을 쭉 아랫배까지 집어 넣습니다. 그리고 내쉬세요. 힘들이지 말고 자연스럽게 하십시오. 이 수련을 할 때 얼굴은 편안히, 어깨엔 힘을 빼고 배만 나왔다가 들어가게 해야 합니다. 코는 신경 쓰지 말고 허리에서부터 배를 밀어낸다고 생각하면서 밀어냈다 집어넣는 동작을 해 보십시오. 그러면서 장 속에 고여 있던 혈액이 온 혈관을 통해서 모세혈관으로 충분히 공급되며, 오장육부 각 장기에 피를 충분히 공급시켜 준다고 생각하십시오. 이렇게 상상하면서 호흡을 하다 보면 자연스럽게 됩니다. 배가 나올 때는 숨이 들어가고 집어넣을 때는 숨이 나옵니다. 그러니까 우선 배만 잘 밀어냈다 잡아 당겼다 하면 호흡은 저절로 따라옵니다.

속리산에 가면 경업대라는 곳이 있는데 그 곳에 선암 스님이 계십니다. 지금 90살인데 생식을 한 40년 가까이 하신다고 합니다. 그분은 귀도 밝으시고 안경을 안 쓰고도 신문을 줄줄 읽습니다.

선도仙道에는 맥이 많습니다. 약 7개의 파派가 있습니다. 선도의 맥을 이은 분을 문주, 또는 도주라고 하는데 그런 사람은 잘 나타나지 않습니다.

저는 그러한 분들을 찾아 뜻을 합쳐 이 사회에 이바지하자는 생각에서 그분을 만나려고 그 곳에 갔습니다. 그런데 시치미를 뚝 떼는 것입니다. 귀찮다는 것이지요. 원래 스님이지만 스님의 모습만 하고 있지 실은 굉장한 선도 수행자입니다.

하나의 도풍이라고 할까. 평생 한 사람만 가르쳐서 전해 주는 파가 있습니다. 그러한 경우에는 여간해서 인연을 맺기가 어렵습니다. 그러나 저는 단학을 충분히 보급해서 대중화시키려는 생각을 갖고 있습니다. 그런데 그런 분들은 자꾸 은둔해 버립니다. 그러면서 특별한 인연이 있으면 한 명 정도 가르쳐서 명맥만 잇도록 하는 것이지요. 수련을 많이 하면 서로 눈만 보아도 압니다. 눈을 보고 '아, 이분이 어느 정도 수련이 되었구나.' 생각되어 하루 묵고 가야겠다고 하니 그렇게 하라

고 했습니다. 방도 두 개밖에 없는데 옆 방은 보살이 자고 있어 선암 스
님과 같이 잠을 잤습니다.

그는 자신이 선도를 안 했다고 했습니다. 그런데 제가 보기에는 수
련을 해도 조금 한 것이 아니라 상당한 경지에 이른 분이었습니다. 그
래서 자는 척하면서 누워 있는데 새벽 4시가 되니까 누웠던 사람이 손
을 딱 합칩니다. 그러더니 손을 무척 빠르게 비비는 것입니다. 그러더
니 누운 상태에서 그대로 일어나서 딱 20분 수련을 합니다. 그러니까
근 20분 가까이 숨을 안 쉬는 것입니다. 그 동안 몸 속에 숨어 있던 모
든 내기內氣를 한 바퀴 뒤집어서 돌려 놓는 일을 하는 것입니다.

거기에서 그분이 왜 그렇게 눈이 좋고 귀가 밝은가를 알게 되었습니
다. 여러분이 실천만 하면 반드시 좋아지기 때문에 저는 여러분에게
그 방법을 알려 드리려고 합니다.

손을 막 비벼 보십시오. 이것도 그냥 비비는 것이 아니고 숨을 멈춘
상태에서 비벼 보십시오. 손을 비빌 때 숨을 멈추고 비비게 되면 우리
몸 안에 있는 기가 겉으로 나타나게 되어 있습니다.

손이 금방 뜨거워집니다. 이 손을 눈에 댑니다. 또 비빈 손이 뜨거워
졌을 때 얼굴을 세 번 쓸어 주십시오. 세 번 쓸어 주면 손의 열이 식습
니다. 그러면 또 비벼 주십시오. 비벼 준 다음 눈에 댑니다. 그런 다음
눈을 뜨고 시계 방향으로 열 번 돌려 주십시오. 손은 그냥 두고 눈만 움
직여 줍니다. 그 다음에 반대 방향으로 다시 열 번 돌려 줍니다. 열 번
다 돌렸으면 손을 뗍니다.

또 열이 나도록 비벼 주십시오. 뜨거워졌으면 다시 손을 눈에 대고 이번에는 눈을 최대한 위아래로 굴려 주십시오. 다시 비벼 주시고 이번에는 눈을 최대한 좌우로 돌려 주십시오. 바로 이 방법이 눈을 좋게 해 주는 비법입니다.

그분은 나이가 90인데도 동안童顔입니다. 그분은 비누도 쓰지 않고 치약도 쓰지 않습니다. 세수도 마사지처럼 합니다. 겨울에도 찬물을 사용합니다. 눈썹 위를 이렇게 머리 쪽으로 밀어올려 쓸어 주면 주름이 없어집니다. 그 다음에 이 손으로 눈 옆을 시계 방향으로 돌려 줍니다. 다시 반대 방향으로 돌립니다. 그 다음에 완전히 목 뒤까지 쓸어 줍니다. 그 다음에 코를 양 손의 중지로 마사지하듯 위아래로 자극을 줌으로써 얼굴이 항상 건강하고 탄력있게 유지됩니다. 그 다음 턱의 상악골과 하악골로 연결되는 부분을 돌려 줍니다.

또다시 손을 비빕니다. 그 다음에 귀를 쓸어 줍니다. 귀를 좋게 하는 방법을 알려 드리겠습니다.

인지로 중지를 덮습니다. 그 다음에 손을 바닥에 놓고 인지로 바닥을 치는 연습을 합니다. 귀의 뒤를 보면 툭 튀어나온 뼈가 있습니다. 귀 뒤의 뼈 부분에 인지로 중지를 덮은 손가락을 가져갑니다. 그런 다음 딱딱 때리십시오. 고막이 울릴 정도로 때려서 고막 속에 있는 신경 세포를 튼튼하게 해 주는 것입니다. 자신의 나이 수만큼 때리는 것입니다. 이것을 양쪽에 모두 해 줍니다.

장구치는 소리가 날 정도로 때립니다. 이것으로 아침에 일어나서 간단하게 할 수 있는 귀 운동, 눈 운동, 얼굴 운동, 그 다음에 잡아당겨 주고 눌러 주고 두드려 주는 운동을 마쳤습니다. 그 다음에 아까처럼 일어나서 손바닥을 땅에 대 주는 것을 10회 내지 15회 해 주면 건강이 아주 좋아집니다. 이 모든 동작을 20분 정도면 충분히 할 수 있습니다.

그런 다음 낮에는 단전호흡을 생활화해 주십시오. 가슴으로 숨을 쉬지 말고 아랫배로 숨을 쉬라는 말입니다. 뱃속에는 항상 고여 있는 피가 있는데 그것을 펌프질해서 신선한 산소를 완전히 공급시켜 줄 때 우리 몸의 건강은 아주 좋아집니다. 그것은 약으로는 할 수 없습니다.

아무리 보약을 먹어도 팔 힘은 운동을 해 주어야 좋아지지 보약을 먹는다고 좋아지는 것이 아닙니다. 우리 몸 자체는 운동을 통해서 혈액 순환을 왕성하게 유지시켜 줄 때 왕성한 체력이 나오는 것이지 무슨 약을 먹는다고 해서 되는 것이 아닙니다.

단전호흡과 단학

요즘은 단전호흡에 관해서 모르는 사람이 거의 없습니다. 그리고 단학에 대해서도 많이 알려져 있습니다. 단학과 단전호흡의 관계에 대해서 물어보는 사람이 많이 있어서 확실히 밝혀 드리려고 합니다.

단학과 단전호흡은 기에 대한 이해를 필요로 합니다. 단학은 단전호흡과 마찬가지로 기를 체득하고 수련하는 수행 방법입니다. 단전은 배꼽 밑의 약 5센티미터 정도 되는 부위를 말합니다. 한의학적으로는 그곳을 기해혈氣海穴이라고 하며 이는 곧 기가 모여 있는 기운의 바다라는 뜻입니다. 단전호흡은 단전으로 호흡하는 것을 말합니다.

모든 살아 있는 생명체는 다 숨을 쉽니다. 단전호흡을 모르는 사람들은 가슴으로 숨을 쉽니다.

그래서 '소인은 목구멍으로 숨을 쉬고 대인은 발바닥으로 숨을 쉰다'는 말이 있습니다. 목구멍으로 숨을 쉴 때는 몸이 허약하다든가, 화가 몹시 났다든가 아니면 생명이 끊어지려고 할 때입니다. 그것을 '숨을 헐떡거린다'고 표현합니다. 또 가슴으로 숨을 쉬는 사람이 있고 단전으로 호흡하는 사람이 있습니다.

단전호흡에는 기를 터득하고 축기하는 과정이 있습니다. 그리고 단학에서는 대맥을 돌릴 때까지를 단전호흡이라고 합니다. 대맥이라는 것은 배꼽을 중심 삼아 허리띠를 돌리는 부분에 해당됩니다. 임독맥을 돌리기 전에 대맥을 돌리는데 대맥을 돌리려면 기를 터득해야 합니다. 그 전까지가 단전호흡입니다.

그 다음에는 체식體息이라고 합니다. 몸 호흡이라는 뜻입니다. 여러분 뱀이 호흡하는 것 보셨습니까? 뱀은 몸이 커졌다 작아졌다 하면서 몸 전체로 호흡합니다. 그래서 뱀은 수명도 아주 길거니와 병에 걸리는 법이 없습니다. 몸에 비해서 뱀만큼 힘을 쓰는 동물이 없습니다. 몸무게에 비해서 엄청난 힘을 씁니다. 몸으로 호흡하기 때문입니다. 체식을 피부 호흡이라고도 합니다. 또 체식 상태를 소주천小周天이라고 합니다. 소주천은 임독맥과 12경락, 기경팔맥을 돌리는 것을 말합니다.

내 몸의 기를 돌리는 것이지요. 이것이 단학의 중급편 정도 됩니다. 고급편에는 발바닥으로 호흡하는 족심식이 있습니다. 발바닥으로 호흡하는 것은 유체가 이탈된 상태입니다. 다시 말해서 내가 내 몸에서 마음대로 나올 수 있는 상태를 말합니다. 이것을 대주천大周天이라고 합니다. 대주천은 천지기운과 내가 하나 된 상태를 말합니다. 이것이 바로 천지여아 합기덕상태天地與我合氣德狀態 즉, 천지와 내가 덕으로 하

24

나 된 상태라고 합니다. 그리고 이것을 우아일체라고 말합니다.

　대주천을 불가佛家에서 말할 때는 견성이라고 합니다. 우리 단학 즉, 선도仙道에서는 성통공완性通功完에 이르렀다고 합니다. 성을 통했다는 말입니다. 이와 같이 단학에는 단전호흡, 체식, 족심식이 있습니다. 그리고 축기 과정, 운기 과정, 소주천, 대주천의 과정이 있습니다.

　단전호흡은 정신이나 마음 공부와 관계 없이 기본적인 체력 단련에 아주 좋은 방법입니다. 단전호흡은 건강에 아주 좋습니다.

　체식 단계에 들어가기 위해서는 욕망에서 벗어나지 않으면 안 됩니다. 관념에서 벗어나야 합니다. 그래서 체식 단계에 들어가려면 마음 공부가 먼저 되어야 합니다. 그러면 깨달음의 세계에 들어갈 수 있습니다. 불가에서 말하는 명상, 참선과 연결됩니다. 그것을 단전호흡을 통해서 할 수 있습니다.

　요즘은 단학선원에 스님들이 많이 옵니다. 비결문秘訣文에 우리나라에는 옛날부터 내려오는 '견성 방법'이 있다고 합니다. 그것이 바로 요즘 말하는 단학이라고 합니다. 애매하게 견성이라고 말하니까 그것이 관념으로 빠져 버렸습니다. 정말로 깨달음에 이르게 되면 몸이 어떻게 변화하느냐 하는 것을 과학적으로 나타낸 것이 단학입니다.

　또 한 가지 말씀 드리고 싶은 것은 요즘 단에 대해 수많은 책이 나오다 보니까 사람들이 혼란에 빠졌습니다. 원래 우리 나라의 신선 사상인 선도와 중국의 선도는 다릅니다. 중국의 선도는 좀 과 장되어 있고 허황된 것이 있습니다. 또 보통 700~800년 살았다고 되어 있습니다.

중국의 선도는 오래 사는 것, 죽지 않는 것 즉 무병 장수가 목적입니다. 그러나 여러분, 200살 이상 산 사람을 구경한 적이 있습니까? 700~800년 살았다, 또는 지금도 영원히 살고 있다고 합니다. 보여 주지 못하고 증명도 못 하면서 그런 말을 하고 또 축지법, 천안통, 격벽 투시 이런 쪽으로 관심을 몰고 갑니다. 그래서 사람들이 혼란에 빠졌습니다.

한 대학생이 찾아와서 축지법을 가르쳐 달라고 했습니다. 축지법을 배우면 학교를 그만두겠다고 했습니다. 그래서 돈만 있으면 비행기를 타는 세상인데 무엇하러 축지법을 배우려고 하느냐니까 꼭 한번 해 보고 싶다고 했습니다. 현대 과학이 축지법, 천안통(TV), 천이통(전화), 격벽 투시(X-Ray) 등 다 이루어 놓았습니다. 과학이 다 이루어 놓은 것을 이제 와서 해 보겠다고 하는 것은 시간 낭비입니다.

선도는 바로 과학에서 못 한 것, 종교에서 못 한 것, 철학에서 못 한 것, 그것을 이루는 데 목적이 있습니다. 물질 개벽은 이루어졌지만 정신 개벽은 이루어지지 않았습니다.

선도는 '내 몸은 내가 아니고 내 것이다' 라는 것을 알려 주는 공부입니다. 나를 소유해야 합니다. 나를 소유한 사람은 내 몸에 나쁜 것은 하지 말아야 하는 것입니다. 몸에 자동 조절 장치가 있어서 내가 몸에 나쁘다고 생각하면 술도 담배도 노름도 몸에서 거부 반응이 일어나 자연적으로 안 하는 경지가 내 몸이 내 것인 상태입니다.

내가 나쁘다고 생각해서 안 한다 안 한다 하면서도 몸은 자꾸 옛 습관대로 끌려 다니는 것은 결국 고장난 자동차를 끌고 다니는 격입니다. 자기 마음대로 되지 않는 몸뚱이는 '고장난 차'라고 할 수 있습니다. 단학은 내 몸이 내가 아니라 내 것이어서 스스로 자신의 몸을 지배할 수 있도록 해 주는 것입니다. 그러나 대부분의 사람들은 몸에 지배당하고 있습니다.

욕망은 지배할 수 있어야 하고 욕망을 극복하여 이상세계를 이루어야 하는 것입니다. 그런데 이상이 없다 보니까 오로지 욕망을 위해서만 인생을 살다 갑니다. 욕망의 늪 속에서 허우적거리다 인생을 끝내 버립니다.

자신이 내 몸의 주인이냐 하인이냐 하는 것을 잘 생각해 보아야 합니다. 내 몸의 하인이라는 것은 입맛 비위, 눈 비위, 귀 비위, 욕망 비위에 맞추고 사는 것이고, 내 몸의 주인이라는 것은 내 몸을 지배하고 부리고 사는 것을 의미합니다. 내 몸을 부리고 사는 사람은 바로 정신이 있는 사람이고 내 몸의 하인 노릇을 하는 사람은 정신이 빠진 사람입니다.

몸의 욕심은 한이 없습니다. 욕심이 한이 없는 주인을 섬기다 보니까 정신이 혼란해지는 것입니다. 불안하고 초조해집니다. 그래서 요즘은 자아 상실의 시대라 해서 마음에 병을 가진 사람이 많습니다. 가슴에 열이 많은 사람은 마음의 병이 있는 사람입니다. 별것도 아닌 일에 마음이 두근거리고 겁이 납니다. 괜히 화가 잘 나고 공연히 불안하고 마음이 평화롭지 못한 것은 주인이어야 할 정신이 몸의 하인 노릇을 하니까 그렇게 되는 것입니다.

몸뚱이가 편해지고, 명예도 직업도 얻고 돈을 벌었어도 마음은 만족을 모릅니다. 거기다가 또 병든 몸을 만나게 되면 마음은 더 고달픕니다. 게다가 명예도 직업도 없고, 돈도 없는 주인을 모시려면 마음이 보통 불편한 것이 아닙니다. 그것이 더욱 못할 노릇입니다.

욕심을 지배하게 되면 욕심도 다스리게 됩니다. 그것은 제대로 하늘과 땅이 제 위치에 선 것입니다. 지금은 땅이 하늘이 되어 버렸습니다. 하인이 주인 노릇을 합니다. 그러니까 세상이 무질서합니다. 그러한 것이 극한 상태가 되다 보니까 이제는 스승도 없고 아버지도 '꼰대' 라고 부릅니다. 선배도 없습니다. 힘센 자가 최고입니다. 아름다운 것, 고귀한 것이 없습니다. 꽃은 아름다운데 아름다운 사람은 만나기 어렵습니다. 높은 산은 있지만 마음이 높은 사람을 만나기는 어렵습니다. 계급은 높아도 존경받을 만한 사람이 많지 않습니다.

그러나 반대로 부지런히 일하는 농민들에게는 고개가 숙여집니다. 옛날에는 명예나 감투에 그냥 고개를 숙였는데 요즘은 감투에 대한 실체를 알고는 그들을 존경하지 않습니다. 진정한 것이 아니면 통하지 않습니다.

예전의 의사는 환자의 몸을 다 보았습니다. 그러나 요즘은 신체 부위에 따라 여러 진료 과목이 생겨서 전체를 보지 못합니다. 귀만 보는 것은 사람을 보는 것이 아닙니다. 또 감자를 갖다 놓고 계속 자르다 보면 분자에서 원자까지 자르게 됩니다. 그러면 이제는 감자가 아닌 것입니다.

28

너무 분석하다 보니까 이제는 실체를 잃어버렸습니다. 대혼란에 와 있습니다. 종교가, 과학이, 예술이, 의학이 왜 존재하는지를 잊어버리고 있습니다. 또 대부분의 사람들이 세상이 잘못된 것을 다 압니다. 다 아는데 무엇이 정상인지를 모릅니다. 정상이 무엇인지를 모르기 때문에 바로 잡을 수 있는 방법을 알지 못합니다.

지금은 모든 법이나 제도에 문제가 있는 것이 아닙니다. 근본, 뿌리, 정신에 문제가 있는 것입니다. 정신은 없고 생각과 지식만 있습니다. 생각과 지식은 욕망의 하수인 역할밖에는 못합니다. 생 각과 지식이 많으면 많을수록 욕망의 하수인 역할을 더 많이 하기 때문에 더 나쁜 짓을 하게 됩니다.

단학은 거창한 것이 아닙니다. 정신을 찾자는 것입니다. 개인은 개인의 정신이 있고 민족은 민족의 정신이 있고 인류는 인류의 정신이 있습니다. 정신은 내 몸 속에 있기 때문에 성경이나 불경, 도덕 교과서에서는 찾을 수 없습니다. 내 몸 속에서 찾아야 하는 것입니다. 찾으려다 보니까 정신이 우러나도록 하기 위해서 호흡을 하는 것입니다.

호흡하는 목표를 분명히 해야 합니다. 주인을 잃어버렸기 때문에 몸이 병든 것입니다. 제 정신이 들어오면 몸 속의 나쁘고 악한 기운이 다 도망가 버립니다. 여러분, 만약 한 달만 문을 열어 둔 채 집 비워 놓고 어디를 다녀와 보십시오. 거지도 살고 별의별 사람이 다 살게 될 겁니다. 정신이 빠져 있으니까 디스크라는 놈, 위장병이라는 놈, 두통이라는 놈이 들어와서 주인 행세하면서 살고 있는 것입니다.

단학에서 기를 터득한다는 것은 바로 몸과 친해지는 것입니다. 정신을 찾는 것은 피부 호흡 단계입니다. 그 다음 정신의 원뿌리인 마음을 찾는 것은 족심식 단계입니다. 마음 자리를 바라보았다 하는 것은 바로 성통공완의 경지입니다.

단학 안에 단전호흡만 있는 것이 아니고 철학이 있고 진리의 핵심이 있습니다. 마음을 찾은 다음에는 즐기는 것입니다. 풍류객이란 쉬운 것이 아닙니다. 요즘은 풍류객 보기가 어렵습니다. 원래 풍류도를 즐기는 풍류객을 천지인天地人이라고 합니다. 풍류객은 들어오고 나감에 거침이 없습니다. 매이지 않습니다. 어디 가서 무슨 일을 해 주고 그것에 집착하지 않습니다. 물과 같습니다.

일을 해 주고 잘 되면 그것을 보고 즐기고 떠나는 것이 풍류객입니다. 그것이 바로 성인이고 도인입니다. 바른 사람입니다.

우리의 고유 사상에 의하면 성인이나 도인이 그렇게 높은 사람이 아닙니다. 그들은 모두 풍류객이었습니다. 이러한 풍류객에 대한 것이 새롭게 정의되어야 합니다. 우리도 기를 찾고 정신을 잘 찾으면 풍류가 우러납니다. 목표를 찾아야 됩니다. 정신을 찾아야 합니다.

그러면 정신이 나오는 상태를 설명하겠습니다. 이것은 제가 수련한 경험을 말씀드리는 것입니다.

내기內氣를 터득하면 천하무적이 된다고 해서 합기도 등등 안 해본 운동이 없습니다. 하지만 다 해 보아도 내기를 터득하는 방법을 가르쳐 주는 사람이 없었습니다.

30

헤매고 헤매다 보니 공통되는 말이 있었습니다. 기는 배우는 것이 아니고 터득하는 것이라는 것입니다. 터득하는 방법은 계속 몸을 바라보는 것이라고 합니다. 일종의 명상이나 참선과 같습니다.

저는 기독교나 불교의 신자가 아니라서 참선을 했다고는 볼 수 없습니다. 그냥 눈밭에 앉아서 허리를 똑바로 세우고 숨을 고르고 몸을 바라본 것입니다. 그런데 갑자기 몸이 후끈 달아오르면서 몸이 뜨거워지는 것입니다. 굉장히 추운 겨울이어서 섭씨 영하 17도였는데 한 세 시간 가까이 그렇게 앉아 있었습니다. 무아의 경지에 들어갔던 것입니다. 보니까 앉은 주위에 눈이 다 녹아버렸습니다.

그러면서 엄청난 기운을 몸에 느꼈던 것입니다. 그리고 그 기를 손으로 돌리고 발로도 돌렸습니다. 마음에 따라서 몸을 차게도 덥게도 할 수 있다는 것을 느꼈습니다. 그래서 몸은 내 것이다, 또 기를 통해서 내 것이 된다는 것을 알았습니다.

기를 체험하고 나서 자신의 마음을 조절하고 기를 조절하는 실체를 알아야겠다고 결심하고 모악산에 들어가서 용맹정진하게 되었습니다.

그 때 '내 기운은 천지기운이고 내 마음은 천지마음' 이라는 것을 알게 됐습니다. 그리고 내가 나의 몸에서 자유로워졌고 그 다음부터 모든 의문이 풀렸으며 모든 욕망에서 자유로워질 수 있었습니다. 그 다음부터는 항상 부자라고 생각했습니다. 모두가 천지기운이고 천지마음이니까 다 내 것입니다.

그러다 보니까 생각 에너지를 쓸 수 있게 되었습니다. 보통 생각은 생각으로 끝납니다. 이 공부를 하게 되면서 생각 에너지를 쓸 줄 알게 됩니다. 생각 에너지로 남을 죽일 수도 있습니다. 단전 호흡을 해서 천지기운을 받아들이게 되면 생각 에너지가 강하게 됩니다. 그러다 보니까 올 한 해 동안 전국에 11개의 도장을 내게 된 것입니다.

지금 우리 나라는 9의 숫자에 와 있기 때문에 굉장히 혼란합니다. 전부 잘났다는 사람뿐입니다. 그런데 9에서 그 다음 숫자로 넘어가면 10이 됩니다. 십, 십은 바로 무엇이냐 하면 화합을 말합니다.

또 십을 한문으로 쓰면 기독교의 상징이 됩니다. 또 방향을 표시해 놓으면 절 만卍자가 됩니다. 모든 진리의 상징이 됩니다. 또 십十자를 사각형으로 가두어 놓으면 단전호흡에서의 밭 전田자가 됩니다. 그 양자를 떼어내면 왕王자가 됩니다.

또 그 십자를 세게 발음하면 욕이 됩니다. 그런데 실은 욕이 아닙니다. 그것은 성性을 말하는 것입니다. 그 성을 통해서 즉 '십'을 통해서 우리가 태어난 것입니다. 사실은 하늘과 땅이 '십' 함으로 인해서 만물이 나온 것입니다. 그러한 성스러운 글자를 성스럽게 생각하지 못하는 인간은 죄인이기 때문입니다. 십을 나쁘게 생각한다는 것은 무엇인가 죄의식이 있기 때문입니다. 모든 만물이 생성되어지려면 음양이 합쳐져야 합니다. 합을 십十자로 표시합니다.

그런데 우리가 지금 거의 10자에 와 있습니다. 그러나 잘못하다가 9 다음에 0으로 갈 수도 있습니다. 굉장히 위험합니다. 0으로 간다는 것은 지구가 폭발한다는 것을 의미합니다. 지금은 0으로도, 10으로도 될 수가 있습니다.

그래서 옛날에는 운세를 말할 때 선천과 후천이라고 말했습니다. 즉 사람이 모사謀事하고 하늘이 이루었는데 앞으로는 하늘이 모사를 합니다. 이루는 것은 사람입니다. 하늘이 10으로 모사를 할 것이냐 0으로 모사를 할 것이냐의 책임은 여러분에게 달려 있습니다.

그래서 요즘은 내가 최고라든가, 교주라든가, 두목이라고 말하는 사람은 돈 사람 취급을 받습니다. 지금은 너와 내가 하나이다, 합쳐야 산다고 하는 사람이 공감받습니다. 지금은 합칠 때이기 때문입니다. 화합하는 사람은 존경받지만 남의 머리 위에 올라타려고 하는 사람은 금방 비난의 화살을 받습니다. 전에는 잘났다고 하는 사람이 존경받고 똑똑해 보였는데 지금은 잘났다고 싸우는 것을 보면 다 똑같이 취급합니다.

그러나 깨끗이 다 양보하고 내려오는 사람은 대우받습니다. 우리가 지금은 9운에 와 있습니다. 여기 젊은 사람이 많이 와 있는데 잘 들어야 됩니다.

요즘은 저의 동생도, 조카도 대학생이고 또 주위에 대학생들이 많이 있습니다마는 가슴 아프게 생각합니다. 이 좋은 때에 태어난 것을 모르고 방황하고 있습니다. 바른 길을 알려 주는 사람이 없기 때문입니다. 오천 년 만에 올 수 있는 좋은 때를 맞이했는데 여러분은 무엇을 하겠습니까? 한 번밖에 없는 육신의 세계에서 무슨 일을 하겠습니까? 여러분이 할 일은 바로 새로운 세계를 창조하는 일꾼이 되는 것입니다.

여러분이 뜻을 세우면 그러한 길을 갈 수 있도록 길을 안내해 드리겠습니다.

이 일은 저 혼자서 할 수 있는 것이 아닙니다. 저는 그 세계를 확실히 본 사람이고 저는 1년 만에 전국에 11개의 지부를 강제로도 아니고, 정치적인 힘으로도 아니고, 후원자가 있어서도 아니고, 오로지 정신 하나로 냈습니다. 이 지부는 다른 도장과 성질이 다릅니다. 다른 태권도장이라든가 체력 단련도장은 개인 하나하나가 영업을 위해서, 생계를 위해서 하고 있지만 단학선원은 그렇지 않습니다. 8명의 뜻 있는 사람이 모여서 그 사람들이 모아온 평생회비로 시작되었습니다. 그 힘으로 단학선원이 생겼고 지금은 많은 사람이 동참하고 있습니다.

육군 사관학교에서는 정규 과목으로 채택이 되었습니다. 원래 육사에서는 다른 수련을 했습니다. 그런데 육사생도들이 효과가 없다, 흥미가 없다 해서 아예 폐지시키라는 지시가 있었는데 누군가가 단학이라는 것이 있으니까 그것으로 하자고 권유했습니다. 그래서 교수 셋을 보내어 전국의 각 도장을 다니면서 두 달 간 조사를 했다고 합니다. 제일 중요한 것이 정신인데 테크닉이나 술법 가지고는 안 되겠다고 하면서 각 단전호흡의 수행 방법을 놓고 비교한 결과 단학으로 결정하였다고 합니다.

그것은 단학의 정신을 본 것입니다. 육사의 한 관계자가 말하기를 단학에는 분명히 정신이 살아 있으며 각 도장에서 지도하는 사범들이 정말로 신명을 바쳐서 일하더라고 합니다.

단학은 지금 군에서, 또 학교에서 보급되고 있으며 얼마 전에는 강원대학교에서 교수 200여 명을 3박 4일간 지도했습니다. 강원대 총장의 말씀이 외국에 나가 보면 우리 나라 사람들이 주먹질 잘 하고 박치기 잘하기로 소문이 났답니다. 코리아 하면 태권도로 알려져 있는데 정신은 아주 미개한 나라로 알려져 있다는 것입니다. 우리 나라에 이같이 고차원적인 심신 수행 방법이 있는데도 말입니다.

몸을 운전하기 위해서는 마음과 신身과 기가 연결되어야 하는 것입니다. 그것이 다 끊어졌습니다. 그러다 보니 몸은 몸대로 놀고 마음은 마음대로 놉니다. 그래서 서로서로 고장난 몸을 끌고 다니니까 부딪힐 수밖에 없습니다. 전세계 도처에서 싸움이 일어나고 있습니다. 칼부림이 나고 위아래가 없고 숨이 막힐 지경입니다.

어떤 사람들은 아예 확 망해 버렸으면 좋겠다는 생각까지 하게 됩니다. 큰일날 소리입니다. 사실 망했으면 좋겠다, 죽고 싶다는 사람이 많아지면 정말 망하게 됩니다. 사람이 망한다 망한다 하면 정말 망하고, 잘 되겠다 잘 되겠다 하면 정말 잘 됩니다.

우리 나라가 전세계의 정신적인 지도국이 된다고 하는데 운세가 돌아온다고 해서 그냥 앉아 있어서는 안 됩니다. 봄이 오더라도 씨를 준비하지 않는 사람에게는 봄이 오지 않습니다. 씨를 준비하고 뿌리고 가꾸어야 가을에 열매를 거둘 수 있습니다. 여러분들 씨를 준비하십시오. 씨를 준비하기 위해서 여러분들은 정신을 찾아야 됩니다. 그리고 전세계에 정신의 씨를 뿌려야 합니다. 하늘과 땅이 하나 되는 천지인의 씨앗을 여러분의 몸에 받아야 되겠습니다. 씨앗을 찾아야 되겠습니다. 기를 찾고, 정신을 찾고, 마음을 찾고, 그 다음에 풍류객이 됩시다. 이 씨앗이 있느냐 없느냐가 단전호흡과 단학과의 차이점을 결정합니다.

그러나 단학이 아무리 좋아도 열심히 하지 않는다면 요가를 열심히 한 사람만 못합니다. 아무리 좋은 대학을 다녔어도 열심히 노력하지 않으면 독학한 사람만 못한 것입니다. 방법이 중요한 것이 아닙니다. 대개 방법은 거의 비슷합니다. 수행하는 사람의 정신이 문제입니다. 가르치는 사람의 정신과 배우는 사람의 정신과 그 곳의 분위기가 가장 중요합니다.

옛날에는 기를 터득하기가 무척 어려웠습니다. 저는 기술을 가르쳐 주는 사람이 아니기 때문에 후합니다. 기술은 숙달하는 데 한계가 있어서 조금씩 가르쳐 주지만 단학은 오늘 일 년치를 한꺼번 에 배워갈 수 있습니다. 그것은 바로 여러분의 정성에 달렸습니다. 기술은 바로 기라는 것을 가르쳐 주기 위한 방법입니다. 기를 느끼게 해 주는 방법에 지나지 않습니다. 가장 중요한 것은 정신을 찾는 것입니다.

수련자의 마음가짐

이 수련을 하러 오는 사람들이 처음에 어떤 마음을 갖고 오느냐 하는 것은 아주 중요합니다. 정말로 깨달음을 얻고자 하는 사람이 있는가 하면 자신의 욕망을 달성시키고자 하는 사람도 있습니다. 건강을 위하는 것, 또는 어떤 능력을 갖고자 하는 것도 다 욕망입니다. 그러나 깨달음에 대한 열망은 욕망의 범주에 들어가지 않습니다.

단학 수련의 목적은 성통공완 性通功完입니다. 다시 말해서 깨달음을 얻자는 것입니다. 대개 많은 사람들이 건강을 위해서 수련을 합니다. 그러나 처음부터 깨달음을 위해서 수련하는 사람도 있습 니다. 바른 목적을 가지고 수련하는 사람입니다. 그러나 그런 사람은 많지 않습니다.

흰 띠에는 욕망을 버리고 마음을 비운다는 뜻이 있습니다. 우선 마음을 비워야 됩니다. 철저한 자기 부정과 자기 비판 없이는 거듭 태어날 수 없습니다. 다시 말해서 이 곳에 욕망을 가지고 왔다면 그 사람에게 천지기운이 부어져도 욕망만 키울 뿐입니다. 그러니 여러분들이 할 일은 철저한 자기 부정입니다.

그래서 옛날에는 깨닫고자 하는 자에게 처음부터 모든 것을 가르치지 않았습니다. 그 사람에게 철저한 자기 부정의 시간을 주기 위해서 삼 년 동안 밥을 짓게 했습니다. 삼 년 동안 아무것도 가르쳐 주지 않고 밥짓는 일만 시켰기 때문에 그는 떠났습니다. 자기 자신을 부정한다는 것은 내가 이만큼 못돼먹었고 욕심 덩어리이고 죄악 덩어리라는 것을 인정하는 것입니다. 오로지 마음을 단전에 두고 자신을 닦고 또 닦는 과정입니다.

월급도 안 받고 밥을 짓는 것은 어떤 의미에서는 기합입니다. 그러한 봉사는 자기 자신이 수도하겠다는 각오이기도 합니다. 그리고서 삼 년 동안 다시 나무를 해 오게 합니다. 이러한 과정을 이겨낸 자에게만 비로소 법을 전수했습니다.

요즈음 사람들을 보게 되면 일 년이 아니라 한두 달만 그냥 일을 시켜도 입이 한 발이나 나옵니다.

'내가 희생한다, 내가 이용당한다' 는 등 별의별 얘기가 다 나오는 것입니다. 그런 사람은 살살 달래서 법을 알려 주어 보았자 아무 도움이 되지 않습니다.

밥을 짓는다는 것은 스승에 대한 봉사요 예절입니다. 노동을 해서 밥을 지어 올리는 것입니다. 쌀을 주고 시키는 것도 아닙니다. 동냥을 해서라도 밥을 지어 올리라는 것입니다. 또한 나무를 할 때 에도 나무를 그냥 뚝뚝 자르는 것이 아닙니다. 자기 자신의 못난 것을 자르듯이 못난 가지만 하나하나 잘라내면서 자신을 다듬는 마음으로 나무를 하는 것입니다. 잘 뻗은 가지를 잘랐을 때는 난리가 납니다. 못난 가지, 썩은 가지, 시들은 가지만 골라서 불을 때면서 자기 자신의 욕망과 죄악을 자르고 불태우는 것을 배우는 것입니다.

이렇게 해서 육 년이 지난 다음에 스승은 법을 전해 주게 됩니다. 그때까지도 그릇이 비지 않는 사람에게는 밥하는 과정, 나무 하는 과정을 다시 시킵니다. 그러고 난 후에야 삼 년 동안 법을 전 해 줍니다. 나머지 일 년 간은 자기 시련의 과정을 거칩니다. 이러한 과정을 거쳐서 새로 태어나는 것입니다. 그래서 이 공부는 십년 공부라고 하며 준비 기간이 더 긴 것입니다.

저는 세상에 단학을 보급하면서 끊임없이 사람을 찾고 있습니다. 그러나 우선 모든 사람들의 욕망을 인정해 주고 있습니다. 그래서 몸이 아픈 사람에게는 건강해지는 방법을 알려 줍니다. 그러나 저의 원뜻은 거기에 있지 않습니다. 인간의 욕망은 한이 없습니다. 그래서 바다의 물은 채울 수 있으나 인간의 욕심은 채울 수 없다고 했습니다.

제가 여러분에게 진심으로 알려 주고 싶은 것은 인간의 본성本性, 즉 '한' 정신입니다. 그러므로 다른 선도 단체의 단전호흡과는 창시자의 근본 뜻이 다릅니다. 단전호흡은 '한' 정신을 알려 주기 위한 것입니다.

도道에 이르는 길은 우선 건강해야 합니다. 그러나 많은 사람들은 건강 자체가 목적이고 또 몸을 위해서 삽니다. 그런데 우리가 힘들여 갈고 닦고 모시는 몸은 시간과 공간 속에서 소멸되고 있습니다. 우리는 대개 다 눈을 위해서, 귀를 위해서, 혀를 위해서, 관념을 위해서 살지만 우리의 참주인은 눈도 귀도 혀도, 행복과 불행을 구분하는 관념도 아닙니다. 우리의 실체는 그런 것이 아닙니다.

여러분은 지금 시간과 공간 속에서 구속당하고 있습니다. 사람은 누구나 어떻게든 자기 욕망을 더 빨리 더 크게 성취하려고 합니다. 그래서 대학 입시에 일년 이년 재수하면 큰일나는 줄 알고, 또 남보다 성적이 떨어지는 것을 비관하여 자살까지 합니다. 이것이 시간과 공간의 싸움입니다. 얼마만큼 더 빨리 하느냐, 더 많이 하느냐, 더 많이 먹느냐, 더 많이 소유하느냐의 싸움입니다.

시간과 공간을 초월한 그 자리가 바로 '한' 의 자리입니다. 여러분은 바로 한에서 나왔습니다. 시간과 공간을 초월한 한의 자리에서부터 나왔으며 다시 '한' 으로 돌아가야 하는데 '한' 을 모르는 사람은 '한' 으로 돌아갈 수 없습니다. 그래서 시간과 공간의 노예가 되어 그 속에서 방황할 수밖에 없는 것입니다.

여러분은 지금 여러분의 몸이라는 공간 속에 매여져 있습니다. 여러분의 몸이라는 감각에 매여 있습니다. 저는 그것을 보았습니다. 그 외에는 여러분과 다른 것이 없습니다. 저도 여러분과 똑같은 욕망을 가지고 있습니다. 저는 아주 좋지 않은 조건에서 오늘까지 살아왔습니다.

사람은 자기 완성을 위해서 삽니다. 자기를 위해서 사는 것입니다. 사람마다 자기라는 폭이 좀 다를 뿐입니다. 자기 완성을 위해서 여러분은 한번 자기 자신을 부정해 볼 필요가 있습니다. 자기 자신을 비판해 볼 필요가 있습니다. 철저한 자기 반성과 비판 속에서 참모습을 발견해야 합니다.

철저하게 자기를 비판하고 반성하는 가운데 그 동안 쌓이고 쌓인 때를 닦아내고 닦아내어 더 이상 닦아낼 것이 없을 때에야 비로소 인간의 본성이 드러나게 되는 것입니다.

무엇을 자꾸 배우고 자꾸 가져다 붙일수록 인간의 본성은 변질되는 것입니다. 그래서 이 수련은 거꾸로입니다. 세상의 공부는 자꾸 배우는 것이지만 이 공부는 닦아내는 것입니다. 닦아내고 닦아 낸 다음에야 하늘의 법을 받아들일 수 있습니다. 그러나 욕망이 차 있는 한 아무리 좋은 법을 얘기해도 받아들일 수 없습니다.

여러분이 지금 매고 있는 흰 띠는 가장 순수합니다. 청띠, 황띠로 갈수록 더욱더 닦아내야 합니다. 갈수록 닦을 것이 더 많습니다. 그래서 마지막에 가서는 밝아지는 것입니다.

이 수련 과정에서는 먼저 자기 몸을 사랑할 줄 알아야 합니다. 자기 몸을 사랑하지 못하고서는 남을 사랑할 수 없습니다. 그래서 덮어놓고 수련만 한다고 깨달을 수 있는 게 아닙니다.

첫째, 느낌을 멈추어야 하고(지감止感) 둘째, 숨을 고르게 쉬어야 하며(조식調息) 셋째, 부딪침을 금하여야(금촉禁觸) 합니다. 금촉이라는 것은 행하는 것입니다. 바로 덕을 쌓는 것입니다. 덕을 쌓는데 그 덕을 어느 곳에서부터 쌓아야 하느냐 하면 자기 몸에서부터 쌓아야 합니다.

그래서 홍익인간이 되어 이화세계를 이루어야 합니다. 홍익인간 이화세계는 우리 나라의 건국 이념입니다. 홍익인간 이화세계를 이루는 것이 모든 사람들의 삶의 지표가 되어야 합니다. 홍익인간을 하려면 우선 자기 몸부터 건강해야 합니다. 제일 큰 죄악은 심신이 건강하지 못한 것입니다. 몸이 아프면 주위 사람들을 불편하게 합니다.

그리고 식생활을 적절히 해야 합니다. 나 자신부터 이치대로 살아야 됩니다. 나 자신에게 얼마만큼 홍익인간의 정신을 실천했고 얼마만큼 이치대로 살고 있느냐 하는 것이 '홍익인간 이화세계, 민족통일 인류평화'의 시작입니다. 음식을 먹을 때 과식이나 편식을 하지 않고 적당히 고루 먹으며 잘 때도 충분한 휴식을 취해 주는 것이 자기 몸을 이롭게 하는 것입니다. 그렇게 할 때 여러분은 몸에 있는 기운만 느끼는 것이 아니고 우주에 있는 기운까지도 느끼게 됩니다.

이 수련을 하기 위해서는 우선 마음이 가라앉아야 됩니다. 그래서 흰 옷을 입는 것입니다. 세상의 공부는 욕심을 가지면 가질수록 성공한다고 합니다. 그러나 이 공부는 무엇보다 마음을 비워야 되는 것입니다. 그리고 정말로 감사하는 생활을 할 수 있어야 합니다. 감사할 것이 얼마나 많이 있습니까? 사람은 참으로 감사할 줄 모릅니다. 여러분이 가지고 있는 심장도 여러분이 그 심장을 뛰게 하는 것이 아닙니다. 여러분이 심장의 주인이 아닙니다. 사실은 그 심장이 언제 멈출지 모릅니다. 잠을 자다가 멈출지도 모릅니다.

또한 여러분들 중 스스로 공을 들여서 세상에 나온 사람이 있습니까? 아무 공도 없이 이 세상에 나온 것입니다. 나올 때 조건부로 하늘에 계약서 쓰고 나온 것이 아닙니다. '나는 여든 살까지 살겠다' 고 도장 찍고 나온 사람은 하나도 없습니다. 이 수련을 할 때 아침에 눈을 뜨면 '아, 오늘도 눈이 떠지는구나' 하면서 감사하는 마음을 가져야 됩니다. 그만큼 겸손해야 합니다. 오늘도 눈을 뜰 수 있는 것을 감사해야 되며 오늘도 내 심장이 뛰고 있음을 감사해야 됩니다.

'무엇이 부족하고 무엇이 부족하고' 하면서 불평 불만에 사로잡혀 있어서는 아무 일도 안 됩니다. 왜 그렇게들 성급합니까? 결국은 이 세상에 왔다가 갈 터인데 무엇이 그리 급합니까? 숨을 쉬되 고르게 쉬어야 합니다. 숨을 천천히 들이쉬고 내쉬면서 마음을 안정시키십시오. 급할 것이 없지 않습니까? 여러분이 급하게 서둔다고 해서 지구가 빨리 돕니까? 천지가 왜 이렇게 오랫동안 사느냐 하면 천지는 때가 되면 정확하게 돌기 때문입니다. 태양도 아침이 되면 정확하게 뜨고 저녁이 되면 정확하게 집니다. 급하다고 허겁지겁 움직이는 것이 아닙니다.

사람들만 허겁지겁 움직입니다. 하루 밥 세 끼 먹으면 됩니다. 잠잘 곳이 있고 할 일이 있으면 되는 것입니다. 너무들 분수없이 급하게 굽니다. 여러분들은 이제는 주위의 환경에 홀리지 않고 터 벅터벅 걸어가면서 삶을 돌아보아야 합니다. 그러면 여유가 생깁니다.

그래야만 심장도 여유가 있고 간장도 여유가 있고 모든 것이 다 여유로와집니다. 큰 부자가 되고 큰 명예를 얻었다고 해서 이 세상에 내보낸 자연의 섭리가 여러분 보고 '야, 굉장한데!' 하고 칭찬할 것 같습니까? 지구라는 것도 이 우주에 떠도는 한 알의 구슬에 불과합니다. 그러면 여러분의 존재는 어떻습니까? 여러분이 아무리 날고 뛰어 보았자 아무리 재주를 피워 보았자 큰 의미가 없는 것입니다. 그러니까 여러분이 걸어가는 그 걸음걸이를 한 템포만 늦춰 보십시오. 그렇게 생활해 보면 여러분은 정말로 큰 부자가 됩니다. 마음이 부자가 됩니다.

이런 말을 하면 여러분은 착각이라고 할지 모르지만 나는 이 세상을 다 내 것이라고 생각합니다.

생각뿐이 아니라 실제로 내 것입니다. 내가 보고 싶은 것 마음대로 볼 수 있고 가고 싶은 곳에 마음대로 갈 수 있는데 단지 내 것이라는 등기가 안 나서 그렇지 어디 불편한 점이 있습니까? 입장료 내고 텐트 치고 잠자고 오는데 누가 뭐라고 합니까? 내가 주인이면 세금을 더 내야 됩니다. 만약 설악산을 내 이름으로 등기를 하면 국세청에다 바쳐야 할 세금이 많을 것입니다. 관리를 국가에서 다 해 주는데 일 년에 한두 번 입장료 내고 가는 것이 얼마나 쌉니까? 중요한 것은 우리가 하루 세 끼 잘 먹고 힘을 내어서 할 일을 하나하나 해 나가는 것입니다. 너무 늦게도, 너무 빨리도 하지 말아라 이런 얘기입니다. 그리고 이치를 즐기는 것입니다. 내가 원래의 이치대로 살면서 거기에서 만족을 느끼면 되는 것입니다.

우리가 볼 수 있고 만질 수 있는 것은 모두 다 변하는 것입니다. 거기에 의지하지 마십시오. 여러분에게 주어진 생활, 또 자기가 마음먹은 일을 열심히 해 나가십시오. 그러면 거기에 도가 있습니다. 도가 먼 곳에 따로 있는 것이 아닙니다. 어떤 사람은 이 수련을 하면서 뭐 변한 것도 없고 느끼는 것도 없다고 말합니다. 그 사람은 마음을 비우지 않았기 때문에 그렇습니다. 욕망을 가지고 하니까 그렇습니다. 이 수련은 가르칠 것이 없는 공부입니다. 그런데 뭔가 찾으려고 합니다.

열심히 하면서 평화를 얻었으면 그것으로 족한 것입니다. 그 평화로운 마음이 흔들리지 않도록 계속해야 합니다. 세상에 나가면 또 금방 흔들리니까 이 곳에 와서 마음을 잡는 것입니다. 마음을 잡고 자기 자신을 칭찬해 주는 것입니다. '됐다. 너 그만하면 됐어. 너 이치대로 살고 있지 않느냐, 그러면 됐다' 라고 해 주는 것입니다. 만일 이치대로 살고 있지 않다면 그 때는 반성해야 합니다. 이 곳은 그런 장소이지 무엇을 더 배우는 곳이 아닙니다.

변화가 있다, 없다 하는 것 자체가 그 사람은 세상 습관을 그냥 가지고 왔다는 뜻이 됩니다. 좋다, 편안하다 하는 마음의 평화를 매일매일 가지도록 하십시오. 여러분은 원래의 편안한 모습을 찾으려고 이 곳에 오는 것입니다. 세상살이로 인한 조급한 마음에 브레이크를 걸려고 오는 것입니다. 그리고 조용히 숨을 쉬면서 여유를 찾고 게으르지 않도록 마음을 다지는 것입니다. 그리고 중심을 잡으면 되는 것입니다.

그래서 그 중심이 하늘과 땅과 연결되어 통했을 때를 성통했다고 합니다. 성통이란 바로 남녀 간에 합하는 것과 비슷한 것입니다. 남녀 간의 합은 배워서 하는 것이 아닙니다. 성통도 배워서 하 는 것이 아니라 도리대로 사는 과정에서 무언가 '이거구나' 하고 느껴지는 것입니다.

'세상은 이렇게 사는 것이구나' 하고 우주의 이치와 합일했을 때는 시간과 공간의 개념이 없어집니다. 그래서 '생사라는 것도 하나의 허수아비나 환상에 불과하며 삶이라는 것은 죽음으로 들어가는 문이요 죽음이라는 것은 삶으로 나오는 문이다' 라는 것을 느끼게 됩니다.

인간 본래의 모습대로, 이 세상에 태어나기 이전의 모습대로 돌아가는 것이 바로 인간 완성입니다. 그러나 우리에게는 삶이 주어졌기 때문에 열심히 살아가야 되는데, 그 열심히 산다는 개념이 잘못되어 있습니다. 굉장히 빠르게 사는 것을 열심히 사는 것이라고 잘못 이해하고 있습니다.

'열심히' 라는 말보다는 '잘' 이라는 말이 더 좋습니다. 잘 살면 됩니다. 학생들에게 '열심히' '열심히' 하다 보니까 일등 아니면 열심히 안하는 것같이 느껴집니다. '열심히' 라는 말은 '열 받는다' 는 말입니다. 그래서 '잘 살아라' 하는 말은 부담이 안 되고 '열심히 살아라' 하는 말에는 부담이 됩니다.

저는 그래서 '잘해라, 잘하면 된다. 중간만 가면 된다.' 고 합니다. 잘 살면 되는 것이지 그러다가 아이들이 몸살나고 지치고 늘어지면 그게 얼마나 우스운 일입니까? 이 수련도 열심히 하는 것이 아니라 숨쉬기를 잘하면 되는 것입니다. 파도가 밀고 들어왔다가 쫙 나가듯이 잘 숨쉬면 됩니다.

내부 의식과 무의식

수련을 할 때 어떤 의식에서 하느냐 하는 것이 중요합니다. 단학은 하나의 과학이므로 이론적으로 알아야 합니다. 의식의 차원은 세 가지로 구분되는데 외부 의식, 내부 의식, 그리고 무의식입니다. 더 자세히 말하면 베타 상태, 알파 상태, 세타 상태, 델타 상태로서 무의식은 델타 상태입니다. 무의식은 곧 우주 의식을 말합니다.

무의식의 상태에 들어간 사람이나 그 상태를 개발한 사람을 성인聖人이라고 합니다. 책도 외부 의식에서 쓰여진 책, 내부 의식에서 쓰여진 책, 무의식에서 쓰여진 책이 있습니다. 성경이나 불경은 무의식에서 쓰여진 책입니다. 이 상태에서는 너와 내가 하나이며 내가 곧 하느님이고 내가 이 세상을 창조했다고 말할 수 있습니다.

프로이드는 무의식의 세계를 빙산에 비유하여 외부 의식은 빙산의 일각에 불과하다고 말했습니다. 깨달은 사람은 신앙인이 아닙니다. 각覺은 배워서 되는 것이 아니라 수도로써만 가능한 것입니다. 4대 성인 중 배워서 된 사람은 한 사람도 없습니다. 모두 수도했습니다. 수도하는 과정은 무의식에 들어가는 것을 말합니다. 이것은 백만 명 중 한 명 정도에게나 가능한 것으로 송충이가 나비가 되는 것만큼 어려운 것입니다.

의식은 누구에게나 다 있습니다. 그러나 우리는 무의식의 세계를 보지 못하고 있습니다. 외부 의식에 있는 나는 졸렬하고 작습니다. 대아大我가 아닙니다. 외부 의식, 내부 의식, 무의식의 세계를 자유자재로 들락거릴 수 있는 자를 각자覺者라고 합니다. 그 세계를 알면 영계靈界, 신명계神明界의 문제가 해결됩니다. 인간의 의식은 뇌파로 측정 가능하며 12사이클에서 4사이클까지를 내부 의식, 4사이클에서 0.4나 거의 0까지를 무의식이라고 하는데 이 상태에서는 누가 팔을 잘라 가도 모르게 됩니다. 눈을 뜨고 말을 하면서 그런 차원에 들어간 상태를 현대 과학에서는 무의식이라고 합니다.

보통 사람들은 12사이클 이상입니다. 문학을 하거나 그림을 그리는 사람은 10~13사이클 정도여서 이 때 순간적 영감이 떠오르게 됩니다. 단학 수련을 할 때 진동을 하는 것은 12사이클 이하에서 가능합니다. 12사이클 이하는 수면 상태라 할 수 있고 이완된 상태로서 이 때 보고 싶은 것을 간절히 원하면 볼 수 있습니다. 총천연색의 형상이 나타나는 것은 흑백 상태(알파 상태)보다 더 깊은 세타 상태에서 가능합니다. 수련중 관세음보살이 나타나거나 한다면 이것은 내부 의식의 차원입니다.

꿈을 꾸는 것에는 두 가지 이유가 있는데 한 가지는 욕구 불만의 해소이고 또 하나는 앞일을 예시하는 것입니다. 억압된 마음의 발산으로 꿈을 꾸는 것은 남이 안 들을 때 높은 사람 욕을 하면서 스트레스를 해소하는 것입니다. 이는 죄가 되지 않습니다. 그러나 몽유병 환자는 꿈으로 끝나지 않고 실제로 남과 멱살잡고 싸웁니다. 그러나 깨어나서 자신이 한 일을 모릅니다. 꿈속과 현실이 구분되지 않는 것입니다. 내부 의식의 세계에서는 낭떠러지에 떨어져도 생시보다 덜 다치고, 술이 취하게 되면 알파 상태가 되어 다쳐도 덜 다치게 됩니다.

미친 사람도 마찬가지입니다. 미친 사람이 쓰레기통에 있는 것을 주어 먹어도 병이 나지 않고 무당이 칼 위에서 춤을 추는 것도 그런 이유 때문입니다. 외부 의식 상태에서는 고장날 만한 것이라도 내부 의식 상태에서는 아무 일이 없습니다.

꿈을 통해서 누구나 내부 의식에 들어갑니다. 앞일을 예시하는 꿈으로는 국가 원수의 죽음, 전쟁, 집안 사람들의 사망 등을 꿈속에서 예견하게 되는 것을 들 수 있습니다. 내부 의식의 세계에서는 외부 의식에서 모르는 감지 능력이 있습니다. 그래서 성경이나 기타 경전에서 꿈 얘기가 많이 나오는 것입니다.

보통 사람은 의식이 없는 상태에서 내부 의식 세계에 들어가지만 수도인은 의식을 가진 각성 상태에서 내부 의식에 들어갑니다. 이 수련을 통해 처음 영계에 들어가면 착각인지 아닌지 구별을 못 하게 됩니다. 그것이 구별되면 무의식에 들어간 것으로 그 때부터는 아무 데도 매이지 않게 됩니다.

수련 초기에는 여러 현상을 접할 때 허상과 실상을 구별 못 하게 자기가 좋은 쪽으로만 필름을 돌리고 나쁘면 아예 꺼버립니다. 무당도 자기를 옥황상제의 딸이라고 하지, 하녀라고 하지 않습니다. 각성 상태이므로 스스로 조절하기 때문입니다.

무심이어야 하는데 그렇지 못하니까 자기가 본 신이 최고라고 합니다. 자기 입장에서 자기가 원하는 대로 필름을 돌리는 것입니다. 꿈과 똑같은 것입니다. 꿈이란 현실보다 좋고 그것을 착각이라고 하면 속이 상하고 좋은 꿈을 꾸고 있을 때는 깨운 사람이 밉습니다.

그러나 무의식의 세계는 그러한 것이 없습니다. 무의식의 세계는 암시나 계시가 아니라 하나의 의식으로서 그 의식은 실질적인 감각으로 오게 됩니다. 예를 들어 계시가 아니라 너와 내가 하나라는 의식이 들어옵니다. 뿌리가 하나임을 알게 됩니다. 생사의 개념이 없어집니다. 따라서 생사의 문제가 해결됩니다. 내부 의식의 한계인 한쪽만 보이는 것이 아니라 너와 내가 하나라는 의식이 들어와 360도 전체를 바라볼 수 있게 됩니다. 이것이 바로 우주 의식입니다.

수많은 종교나 사이비 교단에서 계시를 말합니다. 그러나 4대 성인은 계시를 말하지 않았습니다.

자비, 인仁, 사랑, 박애를 말했습니다. 원수를 사랑하라는 말은 무의식에서만 할 수 있는 말입니다. 무의식의 세계에서는 원수가 없습니다. 연필을 깎다가 오른손이 왼손을 베었다고 오른손을 자르겠습니까? 뿌리가 하나인데 말입니다. 무의식은 실체에 와 있는 상태입니다. 그래서 내가 신이고, 부처라고 말할 수 있습니다. 왜냐하면 단어의 의미가 없기 때문입니다.

무의식의 세계는 만물이 쉬는 곳입니다. 그런 차원에서 볼 때 성경에 "나는 길이요 진리요 생명이니, 무거운 짐진 자들은 다 내게로 오라. 내가 너희를 편히 쉬게 하리라"고 한 말이 예수가 돈이 있고 빌딩이 있어 쉬게 해 주겠다고 한 말이 아니라 무의식에서 내부 의식을 향해 독백처럼 말한 것임을 알 수 있습니다. 이것을 '법'이라고 합니다. 준비가 없이 마구 나오는 것입니다.

사단법인 한문화원 정관에 정신 지도자를 양성한다고 했는데 정신 지도자는 의식 문제를 통달해야 합니다. 정신과 의사도 무의식에 대해서는 모릅니다. 내부 의식만 가지고 진단합니다. 무의식은 증명이 안 되기 때문입니다. 무의식에서는 조건 없는 무한한 사랑이 나오게 됩니다.

예수가 "나는 모세가 있기 전에, 아브라함이 있기 전에 있었다"고 하니 말이 되느냐고 그 당시 사람들이 빈정대었습니다. 또한 우주가 있기 전 태초의 창조시에 하느님 오른편에 있었다고 했습니다. 강증산은 오른편에 있었던 것이 아니라 "내가 곧 하늘이다. 내가 곧 달과 태양이다"라고 했습니다. 모두 무의식 상태에서 나온 말입니다. 이 상태에서는 '대성大聲은 무음無音이고 대광大光은 무명無明이다' 등 보통 사람이 못 할 얘기가 나오는 것입니다.

단학은 '천지기운 내 기운, 내 기운 천지기운, 천지마음 내 마음, 내 마음 천지마음' 이라는 일지활구一指活句에 그 뿌리를 두고 있습니다. 이것은 단학 보급의 시작과 끝입니다. 이것을 알게 해 주기 위해 단학이라는 방편을 쓴 것입니다. 이것이 나의 의식 세계입니다. 천지의 실체, 천지의 마음입니다. 외부 의식에서 내부 의식으로 또 무의식으로 들어가는 데 있어 계시를 받는 자는 계속 새로운 계시를 기다립니다. 그러나 무의식에서 세상을 보면 세상은 너무나 완벽하여 뜯어 고칠 것이 없습니다. 작게 볼 때 고칠 것이 많습니다.

민주주의를 하면 가난한 자가 저절로 부자가 되는 것이 아닙니다. 인간은 항상 이 세상을 불완전한 것으로 보고 국민을 위해서라는 명분을 내세워 혁명을 일으킵니다. 도인道人이 볼 때 이 세상은 그대로 내버려두어도 때가 되면 변하게 됩니다. 단지 그때 그때 타이밍이 맞게 태어난 자가 상황을 보고 민족이나 민중을 얘기하면서 나서는 것입니다. 그 당시 그런 기운이 돌았기 때문입니다.

진짜는 민족을 위해서가 아니라 자기 자신을 위해서 혁명을 하는 것입니다. 예수나 부처도 자신들을 위해서 산 것이지 절대 남을 위해서 산 것이 아닙니다. 그렇게 하는 것이 자신들에게 좋고 편하기 때문입니다. 돕는 사람이 허리를 펴고 돕는 것입니다. 도와 주는 것에는 기쁨이 있습니다. 그것으로 응답이 된 것입니다. 외부 의식에서 볼 때는 그렇게 보이지 않습니다.

종교신문의 칼럼을 보니 권인숙 양 성고문 사건, 박종철 군 고문치사 사건, 혜준 양 유괴 사건의 범인들이 모두 기독교 신자라는 것입니다. 인격이 먼저냐 믿음이 먼저냐 하는 문제에서 믿음을 더 강조한 결과 오히려 이기적인 신자를 양성한 것입니다. 인간보다도 예수, 부처를 먼저 위하고 자기 구원을 먼저 앞세웁니다.

인간의 내부 의식에 대한 교육이 시급합니다. 교육은 설교를 통해서 되는 것이 아닙니다. 내부 의식은 매우 민감합니다. 도덕 시간에 청렴 결백을 말하면서 선생이 촌지를 받은 특정한 학생을 감싸준다면 학생들의 내부 의식에는, 도덕 강의는 시험 보기 위해서나 필요한 것이고 진짜는 돈이 최고라는 의식이 심어질 것입니다. 내부 의식은 말로 전달되는 것이 아니고 이미지로 전달되는 것입니다.

이 사회에는 좋은 이미지가 필요합니다. 자기 반성의 시간, 자기를 바라보는 시간을 가져야 합니다. 스스로 호흡하면서 자신의 잘못된 의식을 반성하는 것입니다. 습관은 내부 의식 소속입니다. 예를 들어 담배를 끊으려고 할 때 외부 의식은 담배를 잘라 버리는 행동을 하지만 내부 의식에서 원하게 되면 담배를 끊지 못합니다. 그러나 수련을 통해 내부 의식으로 메시지가 들어감으로써 담배가 암의 원인이라는 등의 좋지 않은 점을 스스로의 깊은 내부 의식에서 깨닫게 됩니다. 그 후 담배가 몸에 들어가면 구역질이 나고 거부 반응을 일으키게 되는 것입니다.

체질도 마찬가지입니다. 복숭아만 먹으면 두드러기가 나고 개만 보면 도망가는 사람이 있는데 그것은 어릴 때 내부 의식에 심어진 공포심 때문입니다. 선입관이라는 것이 박혀 버렸기 때문입니다. 개만 보면 도망가는 것은 내부 의식에 의해 외부 의식이 지배받기 때문입니다.

흔히 사람을 잘 본다는 것은 내부 의식이 발달된 것을 의미합니다. 말보다는 느낌으로, 이미지로 얻는 것입니다. 이것을 초감각이라고 합니다. 수도를 오래 하게 되면 내부의식의 감각이 발달합니 다. 무의식은 우주 의식입니다. 무의식에서 보면 이 세상은 완벽합니다. 기업가와 노동자 중 기업가가 착취자로 보이고 노동자가 피착취자로 보이는 것은 외부 의식에서 볼 때입니다. 이것은 내버려두어도 바뀌게 되어 있습니다. 마치 발이 저리면 가르쳐 주지 않아도 발을 바꾸는 것과 같습니다.

각성 상태에서 꿈꾸는 것을 환상이나 환시라고 합니다. 이러한 계시성은 자신의 의도가 번복되는 혼란을 일으킵니다. 우리가 추구하는 도는 그런 것이 아닙니다. 계시를 받는 것은 단지 내부 의식일 뿐입니다. 이럴 때 초능력적 현상도 가끔 나옵니다. 무당의 차원은 각성 상태에서 내부 의식에 들어간 것입니다. 그 상태를 유지하면서 살면 비참해 집니다. 왜냐하면 외부 의식은 실수가 없고 정확한 기준이 있으나 내부 의식은 그렇지 못하기 때문입니다.

우리가 수도하는 이유는 무의식에 안주하기 위해서입니다. 내부의식은 꿈을 통해서 갈 수 있습니다. 꿈은 무심한 상태에서 나에게 해로움과 이로움을 가리지 않고 꾸어지기 때문에 정확한 경우가 많습니다. 그러나 각성 상태에서의 내부 의식은 자기의 욕심이 개입되므로 백이면 하나가 정확할까 말까입니다.

무심이란 무의식의 세계이며 내부 의식은 꿈 속에서도 욕심을 부립니다. 기쁨과 공포는 이기심에서 나오는 것입니다. 나라는 것에 집착하기 때문입니다. 내가 없는데 기쁨이나 공포가 있을 수 없습니다. 내가 없어져야만 생사도 없는 것입니다. 대도자大道者는 무심無心이고 대인은 무정인無情人입니다. 대도자는 하늘과 같아서 무정하나 만물을 생生하고 생한 것을 자랑하지 않는 법입니다.

그런 길을 가기 위해 수련하는 것입니다. 인간의 최고의 경지가 무심입니다. 그래서 도인은 계획하지 않으며 기도하지 않고 구하지 않습니다. 그러므로 욕심이 없습니다. 욕심이란 있을수록 갈등과 혼란이 생깁니다. 단학 보급은 무심의 자리를 알려 주는 것인데 이것을 알려 주려니까 욕심을 부리게 됩니다. 그러다 보니 저는 평화의 세계를 잃었습니다. 그러나 제가 무심의 자리를 지키고 있다면 여러분은 이 귀한 말을 들을 수가 없을 것입니다.

저는 성철 스님이 부러울 때가 있습니다. 철저히 무심의 자리를 지키고 있습니다. 존경받는 것을 필요로 하지 않는 분입니다. 그는 "부처가 돈을 달랍니까? 밥 먹는 부처를 본 적이 없습니다. 그러니 시주도 가져 오지 말고 주위의 불쌍한 사람들 다 돕고 나서 남으면 가져오십시오"라고 말합니다. 그러나 사람들은 주위에 불쌍한 사람이 많이 있어도 내 복福 먼저 받겠다고 절에 돈을 갖다 바칩니다. 그의 이런 말에 절문을 닫게 할 것이냐는 비난도 있었으나 그는 중들 먹고 살기 위해서 거짓말을 해야겠느냐고 반문했습니다.

저도 하루빨리 무심의 자리로 돌아가고 싶습니다. 저는 욕심을 많이 부렸습니다. 세상에 단학을 보급하는 일은 무심으로 되지 않습니다. 여러분이 무심법을 알면 되지만 그렇지 못한 게 현실입니다.

어디에 가면 일주일 만에 도통시켜 준다더라 하는 말에 중생들은 솔깃합니다. '도통은 원래 다 되어 있다, 밥이나 먹어. 도를 통해 원래 태어났다' 가 진짜 법문인데 이것을 알아들으면 얼마나 좋겠습니까? 앞으로는 천화원에 전력해야겠습니다. 그래서 무심의 자리로 돌아가 정말로 무심의 대법을 귀중하게 알고 참으로 정법을 찾는 사람에게만 전해야지 욕심을 갖고 술수를 배우려는 사람은 배고픈 자에게는 빵을 줘야 하듯 돌려보내야겠습니다.

원래 도통은 제가 여러분을 보는 순간 다 전했습니다. 그러나 단학을 보급하기 위해 저도 욕심을 가지고 가르치고 여러분도 욕심으로 배웁니다. 그것이 욕심이라는 것을 아십시오. 우리가 진정으로 추구하는 것은 무심입니다.

기를 줄 때는 주고 싶은 인연이 있어야 하는데 인연이란 콩 심은 데 콩 나고 팥 심은 데 팥 나는 것과 같습니다. 법은 인연으로 전해집니다. 인연에 따라 단학에 도움을 주기도 하고 해를 주기도 하나 이 또한 인연입니다. 해를 끼칠 만한 이유가 있기 때문입니다. 기는 마음의 소리입니다. 우선 분위기를 보아야 합니다. 기를 주고 싶다는 무의식의 심정이 일어나야 합니다.

내부 의식과 본성

이 수련에는 과정이 있지만 마음을 열면 과정이 중요한 것이 아닙니다. 단학은 지식의 강의가 아니라 우리 몸의 현상을 관찰하고 그것을 나누어 갖는 것입니다. 내부 의식 더 나아가 무의식의 세계를 아는 것은 배우는 것이라기보다는 본다는 것과 더 가깝습니다.

이를 '깨닫는다' 고 합니다. 내부 의식은 보통의 눈으로는 보이지 않습니다. 볼 수 있는 눈이 있어야 보입니다. 그래서 이 강의를 듣기 위해서는 내부 의식을 볼 수 있는 눈을 갖게 되기를 간절히 원해야 합니다. 우리에게는 눈이 있으되 내부 의식 세계를 볼 수 있는 눈은 훈련되어 있지 않습니다.

우리에게는 외부 의식, 내부 의식, 무의식이 있습니다. 외부 의식은 위장된 것입니다. 다시 말해서 꾸민 것입니다. 아무도 없을 때 우리는 곧잘 내부 의식으로 들어갑니다. 그럴 때는 옷을 벗기도 하고 노래도 하며 부모를 욕하기도 합니다. 그러나 외부 의식에서는 그렇게 하지 못합니다. 도덕 교육은 원래 내부 의식의 세계를 위한 교육이어야 합니다. 그러나 요즈음은 시험을 치르기 위해서 도덕 공부를 합니다.

단학은 내면 세계에 대한 공부입니다. 도복을 입고 수련을 하면서 자신과 대화를 나누는 중에 별의별 생각이 다 떠오릅니다. 그러면서 내가 왜 이런 생각을 할까? 내가 이렇게 지저분한 사람인가? 좀더 맑고 깨끗한 생각을 할 수는 없을까? 하면서 자신과 대화합니다.

이러한 대화를 한달 두달 하다 보면 내부 의식에서의 불만이 해소되고 지저분한 것들이 정갈해집니다. 사회 생활에서 심어진 지저분한 생각과 정보가 깨끗해집니다. 그것은 호흡을 함으로써 가능합니다. 우리가 빨래를 할 때 쥐었다 놓았다 하면서 비비고 주무르는 과정을 반복하는 것과 같이 숨을 들이쉬고 내쉬고 하는 과정을 반복함으로써 혈액 순환이 좋아지고, 내면 세계의 더러운 불순물이 우리 몸에서 빠져나가는 것입니다.

잡념을 없애는 방법은 따로 없습니다. 내면 세계의 더러운 것이 다 빠져나오면 그 다음부터는 맑고 밝은 생각이 나오게 됩니다. 습관이 바뀌면 성격이 개조되고 체질이 개선됩니다. 수도修道하는 것은 도를 닦는 것이지 도를 버는 것이 아닙니다. 인간의 본성이 나올 때까지 갈고 닦는 것입니다. 새로운 것을 갖다가 붙이는 것이 아니라 닦아내는 것입니다.

우리 사회에는 비판을 잘 하는 사람이 있습니다. 이것은 그 사람에게 내부 의식의 찌꺼기가 많다는 것을 의미합니다. 사람들 중에는 잘 못된 일을 남모르게 해결하는 사람이 있고, 문제를 확대만 시키는 사람이 있으며, 보라고 남들을 소리쳐 불러 놓고 나서 해결하는 사람이 있습니다. 보통 사람들은 세번째 방법을 취하는 경향이 많습니다. 그러나 큰 사람은 조용히 해결하고 자기 마음 속에서 혼자 기쁨을 얻는 것으로 만족하는 사람입니다. 소인은 자신이 한 것만큼의 대가를 원하는 사람입니다.

단학의 평생회원은 정신 지도자의 과정을 밟고 있으며 삶의 목적을 인간 완성에 두는 사람을 뜻합니다. 내부 의식을 다이아몬드같이 닦아서 광채가 나게 해야 합니다. 이것은 지금까지의 도덕 교육의 방법으로는 불가능합니다. 배워서 될 문제가 아닙니다.

단학 수련은 숨을 쉬면서 깨끗해지는 공부입니다. 단학 수련을 하는 자는 얼굴이 맑고 환합니다. 얼굴을 찡그리고 있는 사람은 불평 불만이 많기 때문에 어느 곳에서나 불평만 합니다. 행복한 일이 생겨도 행복한 줄을 모릅니다. 그 사람은 내면 세계에 있는 독소를 다 내뿜고 있는 것입니다. 이런 사람은 맑은 주위 환경도 어둡게 만듭니다. 그러나 내면 세계가 맑고 바른 사람은 주위를 밝게 합니다.

인간 완성의 목표는 본성을 밝게 빛나도록 하는 것입니다. 본성이 밝아진다는 것은 도道와 이치에 합치한다는 것을 뜻합니다. 몸에 병이 생기는 것은 이치에서 벗어났기 때문입니다. 도리나 이치에 맞아야만 천화할 수 있고 영원한 우주의 생명과 하나 되는 것입니다.

본성이 드러날 때 완전한 건강이 이루어집니다. 이 수련은 개인이 육체적, 정신적으로 건강해지며 가정, 사회, 인류가 건강해지기 위해서 하는 것입니다. 우리 안에 있는 본성이 환해질 때 더없는 행복과 기쁨이 자리하게 됩니다. 인생의 건강함이 극치에 이를 때 생사 문제, 빈부의 문제, 옳고 그름의 문제 등 모든 문제가 해결되며 본성이 밝아지게 됩니다.

본성광명이 이루어진 사람을 좋은 사람, 즉 조화를 이루는 사람이라고 합니다. 자기도 좋고 남도 좋게 하는 사람입니다. 나쁜 사람은 '나' 혼자만을 위하는 사람입니다. 우리 나라는 '좋다'의 사상을 가진 나라입니다. '좋다'고 할 때는 어깨춤이 절로 나며 우리의 기분이 바뀌어집니다.

'좋다'는 것은 확 트이는 것을 말합니다. 우리는 아침 저녁으로 '좋다'고 해야 합니다. 말 속에는 굉장한 힘이 있습니다. 우리 나라의 말은 심령의 말입니다. 우리의 말은 세종대왕 때부터 시작된 것이 아닙니다. 우리의 언어가 위대한 것이지 글자만 위대한 것이 아닙니다.

병에 걸리는 사람을 보면 자꾸 '나쁘다'고 말하고 나쁜 분위기에 휩싸여 있습니다. 위장병도 '좋다'고 한 시간 정도만 신명나게 하면 병이 낫게 되는 것입니다. 좋다 하면 진짜 좋고 나쁘다고 하면 정말 나쁘게 되는 것입니다. 이 말은 기를 공부한 사람만이 이해할 것입니다. 기를 살려 자꾸 '좋다'고 해야 합니다. 기가 살면 병이 낫는 것입니다.

'얼씨구 좋다'는 것은 얼을 찾고, 얼을 쓰고 '좋다'는 것을 의미합니다. '얼간이'는 얼이 간 사람을 말하며 '얼굴'은 얼이 들락날락하는 굴이라고 해서 얼굴인 것입니다. 이처럼 우리말 속에는 생명이 있습니다. 상대방을 나쁘게 해놓고 좋다는 말을 쓰면 안 됩니다. 좋다는 것은 상대방도 좋을 때를 말하는 것이지 나만 좋을 때 사용하는 말이 아닙니다. 옛날 우리 조상들은 남을 해롭게 하면 나쁘다고 했고 남이 잘 될 때 좋다고 했습니다. 그 때는 홍익인간 정신에서 남을 기준으로 해서 말을 사용했던 것입니다.

눈을 감고 좋은 일을 상상하십시오. 주위 사람이 좋아할 일을 내가 할 수 있는 한도 내에서 상상하십시오. 마음 속으로 좋다 좋다 하면서 좋은 것을 상상하면 몸 속에서 좋은 기운이 샘솟을 것입니다. 나쁜 내부 의식이 모두 청소됩니다. 얼굴에 주름이 펴지고 색깔이 바뀌게 됩니다.

'얼씨구 좋다' 하면서 기를 임독맥으로 돌리는 한편 어깨춤이 나도록 기를 살리면서 좋은 것을 상상하십시오. 그렇게 하면 소망이 내부 의식에 강력히 심어져 그것이 이루어집니다. 저는 지금 민족통일이 이루어져 우리 모두가 백두산에서 태극기를 흔들며 춤을 추는 장면을 머리 속에 그리고 있습니다. 이 사상을 세계에 보급하여 모든 인류가 '좋다'를 부르는 모습을 상상하고 있습니다.

육체의 시작은 부모이나 정신의 시작은 그 이전입니다. 우리의 시작은 하나의 정精입니다. 정의 시작을 본 사람은 아무도 없습니다. 원래 이 우주는 본성으로 개천되었는데 본성은 없어지고 욕망만 남게 되었으니 다시 본성의 세계를 열어야 합니다. 정신을 지배하면 모든 것을 다 지배하는 것입니다. 열 가지 통通이 있는데 아홉 개의 통은 다 이루어졌고 마지막 열번째 통만 남았습니다. 열번째 통은 정신통으로 정신 개벽만이 이루어지지 않았습니다. 예를 들어 천안통(TV), 천이통(전화), 신족통(비행기), 투시통(X-ray), 언어통(통역기), 계절통(겨울철의 채소나 과일)이 다 이루어졌습니다.

지금은 어느 시대보다 풍족한 물질 문명을 구가하고 있습니다. 정신통만 이루어지면 완전해집니다. 이것을 이룰 나라가 바로 한국, 조선인 것입니다. 조선朝鮮은 제일 먼저 문명이 발달한 나라라는 뜻입니다. 원래 단丹자의 고어인 선鮮은 밝다는 뜻으로 신선 선仙자의 고어古語입니다. 문명이 제일 밝았던 나라에 다시 횃불이 밝아올 때 전세계가 밝아지게 됩니다.

본성은 완전한 것으로서 오장육부가 없어도, 팔다리가 없어도 불편하지 않습니다. 시작도 끝도 없는 본성이 우리 안에 있습니다. 그리고 그 본성이 빛나고 있습니다. 잘 바라볼 때 그것이 실체인 것을 알게 됩니다. 본성과 내가 하나 될 때 생사가 없고 너와 나의 구별이 없어집니다. 본성을 한이라 하며 한이 본성입니다. 본성은 수천 개 수만 개로 갈라져도 근본은 하나입니다.

인간에게는 광음파光音波가 있는데 '광'은 눈으로 생기와 살기를 보내는 것입니다. '음'은 음성으로 생生하고 사死하는 것이며, '파'는 손으로 기를 보내는 것입니다. '광'은 상단전이 극도로 발달해야 하며

'음'은 중단전이, '파'는 하단전이 충실해야 가능합니다. 그것이 본성에서 이루어질 때 의통醫通이 열리는 것이고 기억이나 생각으로 할 때는 술術이 되는 것입니다. 술은 우선 병을 고칠 수는 있으나 영혼은 구하지 못합니다.

먼저 나의 본성이 밝아지는 공부부터 해야 합니다. 밝아지면 배우지 않아도 저절로 의통이 열리게 됩니다. 마음 공부가 안 된 사람에게 의통을 전해 주면 '내가 최고다, 내가 계시받았다'고 착각하게 됩니다. 그 능력이 본성에서 나왔느냐 외부 의식에서 나왔느냐에 따라 도와 술로 구분됩니다. 기에는 정기正氣가 있고 사기邪氣가 있는데 정기가 나오려면 내부 의식이 깨끗해야 합니다. 내부 의식을 맑게 하기 위해서 단전호흡을 열심히 해야 합니다.

진리의 길은 우리 몸 속에 있다

단학은 종합 학문이라고 했습니다. 학문이면서 종교 아닌 종교이고, 과학 아닌 과학이고, 철학 아닌 철학입니다. 종교의 종宗자는 근본이라는 뜻입니다. 뿌리를 아는 가르침이라는 뜻입니다. 우리가 보통 아는 종교는 불교, 유교, 천주교, 기독교, 증산교, 천도교 등등 많이 있습니다. 원래 진리는 하나인 것입니다. 종교는 사람이 있고 나서 세상에 나온 것입니다. 그리고 사람이 만든 것입니다.

그러면 진리는 무엇이고 언제부터 있었을까? 사람이 태어나기 전부터 있었던 것입니다. 진리는 자연의 법칙이라고 할 수 있습니다. 자연의 법칙이 언제부터 생겼느냐 하는 것은 정확히 말할 수 없습니다. 그러나 모든 성현들이 말하는 한 가지 공통점은 진리가 시작도 끝도 없다는 점입니다. 그리고 지금도 계속하여 모든 만물은 자연의 법칙 속에서 살고 있습니다. 자연의 창조력에 의해서 우리의 생을 영위해 가고 있습니다.

진리를 깨닫고 말씀하시는 분들은 구태여 종교를 만들려 하시지 않았습니다. 그분들은 제자에게 깨달음을 알려 주었을 뿐입니다. 그러나 제자들이 모여 단체를 만들고 단체들이 내려오는 과정에서 스승의 가르침에 대해 의견 차이가 생기면 새로운 종파를 구성합니다. 스승이 가르칠 때는 교리나 방법을 가르치는 것이 아닙니다. 진리를 느낄 수 있는 감각을 회복하신 분들이기 때문에 진리 그 자체를 가르칩니다. 그러나 듣는 사람은 교리로 듣고 방법으로 듣습니다. 그러다가 사소한 의견 차이가 생깁니다. 여러분이 아시다시피 기독교는 40여 개 종파가 넘습니다. 증산교도 그렇습니다. 불교도 마찬가지입니다. 저는 종교인이라고 할 수 있으나 종파인은 아닙니다. 누구나 다 종교인이라고 생각합니다.

무신론자는 무신이라는 종교를 믿습니다. 유신론자는 유신이라는 종교를 신앙합니다. 유신이라는 울타리 안에 또 많은 가지가 있습니다. 종교는 진리를 가르치는 것으로서 모든 사람은 종교를 벗어날 수 있습니다. 그러면 문제는 두 개입니다. 유신이냐 무신이냐입니다.

저는 여러분에게 기에 대해서 말합니다. 제가 제 입으로 전달할 때는 방법을 말하는 것이 아닙니다. 그러나 여러분은 방법으로 듣습니다. 저는 기를 느끼려면 마음을 손에 집중하라고 말합니다.

마음이 있는 곳에 기가 있으므로 여러분은 기를 느끼게 됩니다. 기는 전류일 수도 있으나 찬 것도 습한 것도 서늘한 것도 기이며 맛도 기입니다. 단맛, 매운맛, 쓴맛, 짠맛, 이 모든 것이 다 기인 것입니다. 기 아닌 것이 없습니다. 밝은 것도 기운이고 어두운 것도 기운입니다. 여러분은 다 기를 느낍니다. 여기서 말하는 기운은 생체 에너지를 뜻합니다. 보통 사람이 정신 통일을 하지 않으면 쉽게 느끼지 못하는 기를 말합니다.

그러나 그 기는 저에게나 여러분에게나 다 있는 것입니다. 기를 터득하고 싶으면 마음을 집중해야 합니다. 상대방의 말을 알아들으려면 그 사람의 목소리에 귀를 기울여야 하는 것과 마찬가지입니다. 그 사람은 말을 하지만 내가 영화를 보고 있으면 알아들을 수 없습니다. 기운은 내 몸에 있지만 내 마음이 딴 곳에 가 있으면 내 몸의 기운을 느끼지 못합니다.

그래서 마음이 있는 곳에 기가 있다고 했습니다. 기가 있으면 혈이 따라옵니다. 정신을 집중하는 곳에 기가 있고 기가 있으면 혈이 따라오고 피가 있는 곳에 정이 있습니다. 이것을 심기혈정이라고 합니다. 우리 피의 온도는 36.5도이므로 우리는 그 열을 느낄 수 있는 것입니다. 기와 마음의 경계에 신이 있습니다.

마음을 대상으로 하는 것이 불교입니다. 일체유심조一切唯心造나, 무시무종無始無終이라고 합니다. 기독교는 신을 말합니다. 그리고 유교의 주역에서는 기를 말합니다. 현대 의학에서는 혈을 말하고 요즈음 첨단 과학인 유전 공학에서는 호르몬 관계를 연구하고 있습니다. 단학에서는 정과 기와 신을 말합니다. 정을 단련해서 기가 충만해지면 신이 밝아진다고 말합니다. 또한 신 위에는 심이 있습니다.

단학에서는 처음에 기를 통하고 기를 터득해야 합니다. 그 다음에 축기를 하고 운기를 통해서 대맥, 임독맥, 대주천을 돌리게 되면 신공을 닦습니다. 그 다음에 심공心功을 수련합니다. 그래서 단학은 종합 학문입니다. 단학을 하다 보면 자연적으로 건강해지고 병이 낫습니다. 그래서 의학입니다. 이것을 하다 보면 머리가 아주 맑아지고 내 몸이 내가 아니라 내 것이라는 것을 알게 됩니다.

기를 터득하려면 우선 내 몸에다 정신을 집중해야 합니다. 부처도 말씀하시기를 내 몸 밖에서 구하면 수천금을 주어도 도를 이룰 수 없다고 말했습니다. 그리고 어떤 성인은 말씀하시기를 도를 통하는 것은 세수하다가 코를 만지는 것보다 쉽다고 말했습니다.

그런데 그 쉬운 도가 왜 그렇게 어렵겠습니까? 그것은 엉덩이를 긁다가 코를 만지려고 하기 때문입니다. 불경 안에 기가 있고 신이 있고 도가 있는 줄 알지만 불경 안에는 종이만 있고 먹만 있는 것입니다.

마음을 터득하려는 자는 몸에서 구해야 됩니다. 신을 터득하는 것도 마찬가지입니다. 예수가 말씀하시기를 너희 몸에 내가 있고 내 몸에 너희가 있다. 또한 '나'라는 마음 안에 있다고 했습니다.

이와 같이 성인들의 말씀에는 공통점이 있습니다. 자기의 몸을 중심으로 공부하라고 합니다. 소크라테스는 "너 자신을 알라"고 했고 공자도 "너의 몸 속에는 모든 법칙이 들어와 있다. 너는 우주의 축소판이다"라고 말했습니다.

이 지구가 5대양 6대주로 되어 있듯이 우리의 몸은 5장 6부로 구성되어 있습니다. 지구에 나무가 있듯이 우리의 머리에는 머리털이 있습니다. 산이 있는 것처럼 거죽이 있으며 돌이 있듯이 뼈가 있습니다. 강물이 흐르는 것처럼 동맥이 지나가며 바다처럼 심장이 있습니다. 냇물이 흐르듯이 모세혈관이 있습니다.

일 년은 12개월로 되어 있는데 우리의 몸에는 12개의 경락이 있습니다. 일 년은 365일이며 우리 몸의 혈도 365개로 구성되어 있습니다. 우리의 몸은 우주의 축소판인 것입니다.

창세기에도 말씀하시기를 사람을 만들되 하느님을 닮은 모습으로 만들었다고 합니다. 기독교의 신은 무소부재합니다. 없는 곳이 없이 어디에나 다 계십니다. 그리고 신의 모습은 우주의 모습이기도 하며 이것이 사람의 모습입니다.

하느님은 계시지 아니한 곳이 없습니다. 종교와 단학의 차이점은 단학은 성경이나 불경이나 교리로써 진리를 배우는 것이 아니고 몸에서 구한다는 데 있습니다. 교리가 나오다 보니 경전에 매여서 몸을 보지 못하고 방편에 사로잡히게 된 것입니다.

경전은 곧 마이크라 할 수 있습니다. 직접 육성을 듣는 공부는 바로 몸 속에 귀를 기울이는 것으로, 이것이 단학입니다. 모든 경전은 하나의 가르침이고 진리에 도달하기까지의 방편이지 진리 그 자체는 아닌 것입니다. 깨달은 자는 진리를 느낄 수 있습니다. 그러나 말로 되고 글로 남을 때는 생명이 없습니다.

모든 사람은 진리를 찾기를 원합니다. 영원한 생명을 찾기를 원합니다. 또한 도를 통하기를 원합니다. 그 길이 우리의 몸 속에 있습니다. 심장을 뛰게 하는 것이 무엇입니까? 자연의 에너지가 우리 몸을 통해서 계속 작용하고 있습니다. 우리 몸에는 생명이 있지 방법이 있는 것이 아닙니다.

우리는 자연의 섭리에 의해서 이 세상에 태어났으며 인간만이 지니고 있는 창조성을 발휘하여 인간 완성을 이루어야 하는 분명한 삶의 목적이 있는 것입니다. 인간과 다른 동물과의 차이점은 바로 정신에 있습니다. 우리는 정작 한국인의 정신에 대해서는 모르면서 외래 종교에 대한 지식은 너무나 많이 갖고 있습니다. 한국의 정신을 바로 알려면 우리의 근본부터 알아야 합니다.

이것을 아는 것은 지식이 아니고 감각입니다. 그러므로 우리는 우리의 몸에 대한 공부를 호흡을 통해서 시작함으로써 감각을 회복해야 합니다. 감각이 회복될 때 이 민족은 세계의 정신적인 지도국이 될 수 있을 것입니다.

정신을 찾는 법

여러분은 우리의 전통 현묘지도를 수련받은, 천명 만명 중의 한 명으로 선택받은 분들입니다. 지금 이 곳에 많은 분들이 모였지만 밖에 나가보면 아직 단학이 무엇인지 모르는 사람이 더 많습니다.

우리 나라는 지난 역사를 통해 수많은 외세의 침략을 받았습니다. 그런데 국토의 침략보다 더욱 무서운 것은 정신의 침략입니다. 지금 국토는 어느 정도 안정되었다고 볼 수 있으나 정신의 문제가 더 걱정입니다. 사람은 정신과 육체로 구성됩니다. 그러나 근본은 하나인 것입니다. 우리의 몸에는 한민족, 국조 단군의 피가 흐르고 있습니다. 그러나 우리의 정신은 깊은 늪 속에서 허우적거리고 있습니다. 피는 단군의 피, 조선의 피이나 정신은 외국에서 들어온 것이 많은 것입니다.

이데올로기·종교의 문제로 이란·이라크 사태가 벌어지고 있습니다. 현대 과학은 문화, 물질의 문제를 어느 정도 해결하고 있으나, 종교는 정신의 문제를 해결하지 못하고 있습니다. 종교는 엄청나게 비대해졌지만 인류의 정신 문제를 해결하지 못하고 오히려 집단 학살을 행하고 있는 실정입니다. 우리는 단학 수련을 통해 기를 터득하고 건강을 회복합니다. 그러나 건강이란 육체와 정신이 다 같이 건전한 상태를 말합니다.

저는 대학에서 병리학을 공부했습니다. 그리고 병원에서 환자를 대하는 과정에서 정신의 건강 없이는 신체가 건강할 수 없다는 것을 알게 되었습니다. 또한 사회가 건강하지 않고서는 개인의 건강이 있을 수 없다는 결론에 도달했습니다. 처음에는 육체의 질병을 고치려 하다가 정신이 더욱 중요함을 알고 정신의 병을 고치려 노력하였고, 개인 정신의 문제는 바로 사회에 있으므로 사회의 병을 고쳐야 한다고 생각했습니다.

우리 민족이 정신의 혼란으로부터 벗어나는 길은 우리 핏줄의 뿌리를 알고 우리의 민족 정신을 바로 찾는 길입니다.

개인적으로는 개인의 정신이 있고, 가족에겐 가족의 정신이 있듯이 민족에게는 민족의 정신이 있지만 우리는 그것이 무엇인지 알지 못하고 있습니다. 우리의 전통 사상인 한 철학, 한 정신에 대해 가르쳐 주는 사람이 없었기 때문입니다. 종교를 갖게 되면 기독교, 불교 크게 두 가지만 알고, 우리의 민족 종교는 외면하고 있습니다.

육체가 아무리 소중할지라도 정신이 빠진 육체는 사람이라고 말하기 곤란합니다. 우리는 현묘지도를 수련하고 있고 이것이 바로 단학이고 풍류도입니다. 그래서 이 수련을 받은 분들은 민족 정신과 국조를 중요시합니다. 우리의 뿌리이기 때문입니다.

단학 수련의 목적은 정을 충만하게 하고, 기를 장하게 하며, 신을 밝게 하는 것이며 또한 우리의 정신을 찾는 것입니다. 외국의 정신이 아니라 우리의 정신을 말입니다. 우리의 몸에는 심기혈정이 있습니다. 심도 에너지이고 기도 에너지입니다.

국토를 잃어도 정신을 잃지 않으면 다시 광복을 이룰 수 있습니다. 유태 민족은 국토를 완전히 상실했으나 정신은 후손에게 전수되어 2000년이 지난 후에도 나라를 다시 세웠습니다. 우리의 경우 국토는 반쪽이나마 찾았으나 정신은 희박하여 구심점이 없습니다. 정신의 문제도 누가 찾아주는 것이 아닙니다.

이 수련을 하다 보면 내 몸에 대해 많은 관심을 갖게 됩니다. 여러분은 내 몸, 내 피, 내 정신에 대한 진실을 밝히는 민족 정신의 횃불이 되기를 바랍니다. 이것은 정신 건강을 위한 것이며 철학을 가지고 세상을 사는 것입니다. 저는 단학인 여러분들이 민족 정신의 횃불이 되기를 거듭 원합니다.

우리의 실체는 고기 덩어리인 단백질뿐만 아니라 신기神氣로 구성되었습니다. 몸은 계속 변화하나 근본인 기는 영원 불변합니다. 육체는 죽어서 땅으로 가지만 에너지는 하늘로 가며 에너지의 청탁은 우리의 기의 성질을 결정합니다.

맑은 기운은 우주 공간의 맑은 기운과 하나가 되고 탁한 기운은 우주 공간의 탁한 기운과 하나가 됩니다. 우리의 영혼이 맑고 신령스러운 영혼과 하나가 되느냐 개, 돼지와 같이 탁하게 되느냐 하는 것은 사는 동안의 노력 여하에 달려 있습니다. 이것은 심령 과학에서도 증명이 됩니다. 기철학에서도 기가 맑다, 탁하다고 말합니다. 쥐, 여우, 개, 돼지와 같이 생긴 사람이 많은데 이것은 그와 같은 기질이 형이상학적인 씨를 받고 그 에너지가 화化했기 때문에 그런 모습을 합니다.

봉황 같은 사람, 용 같은 사람, 정말 덕이 있는 사람, 부처님 같은 사람이 되십시오. 사람같이 생긴 사람은 실제 많지 않습니다. 대개는 소, 말, 여우상입니다. 우리말에 꼴값한다, 생긴 대로 논다는 말이 있습니다. 꼴은 기의 성질에 따라 결정됩니다. 기는 살아 있는 동안 철학을 가지고 맑게, 보람 있게 인격을 닦느냐에 따라 달라집니다. 몸의 고기덩이는 변하지만 실체는 변하지 않습니다. 실체는 기질이 결정합니다. 이는 매우 과학적인 말입니다.

똑같은 사과도 질에 따라 다릅니다. 그러므로 우리의 실체는 기이며 기질을 높이는 것은 바로 우리 자신입니다. 이것의 최고 방법이 현묘지도玄妙之道인 단학입니다. 그래서 수련을 하면 약을 먹지 않아도 병이 낫고 마음이 바르게 됩니다. 기질이 변화하여 여유 있고 맑아집니다. 3개월 이상 하게 되면 기가 맑아져 담배를 피우면 구역질이 날 것입니다. 이것은 탁한 기운이 들어오면 우리 몸이 거부하는 현상 때문입니다. 이러한 것을 느끼지 못하면 수련을 잘 못하는 것입니다.

도덕은 기질에 있는데 도덕 시험에 100점을 맞았다고 해서 도덕적인 사람이 되는 것은 아닙니다. 기가 탁해도 머리는 좋을 수 있습니다. 그래서 학자, 기억력이 좋은 사람, 공자 말씀을 모두 기억하는 사람들일지라도 행동이 바르지 못한 사람은 많습니다. 우리 나라에는 공부 많이 한 사람도 많고 학자도 많고, 재주 많은 사람, 애국자도 많이 있지만 협잡꾼이나 사기범, 도둑이 많고 세상이 어지러운 것은 도덕적인 사람이 교육으로 만들어지는 것이 아니기 때문입니다.

못 배워도 기질이 맑으면 법 없이도 삽니다. 법이 있어야만 다스려지는 사람은 사람이 아닙니다. 법은 적을수록 좋습니다. 교육이 제대로 되면 원래 사람은 법 없이도 잘 살 수 있어야 합니다. 법이 너무 많으면 염치가 없어지고 죄책감이 없어집니다. 왜냐 하면 법대로만 살면 되는 줄 알기 때문입니다. 인간은 수치심과 염치가 있어야 합니다.

기가 탁하면 염치가 없어집니다. 이러한 사람은 받기만 좋아하고 부끄러운 줄은 모릅니다. 기가 맑으면 염치가 생겨 신세진 것은 갚아야만 하고 거짓말을 하려면 가슴이 두근거려서 하지 못합니다. 맑기 때문에 감도가 예민합니다. 기가 탁한 사람은 기의 모양이 동물의 모양을 하고 있습니다. 이 수련을 하면 순도와 기질을 알아볼 수 있습니다. 순도가 50퍼센트 이하면 곤란합니다. 100퍼센트의 순도를 갖고 있어야 천화됩니다.

이런 사람은 예수나 부처를 믿지 않아도 물리학적인 원리에 따라 우주의 최고로 신령스러운 곳과 하나가 되어 높은 영계의 수준에 있는 사람과 함께 생활할 수 있습니다. 이것은 정확한 재판이며 빽으로는 안 됩니다. 기의 세계에는 빽이 없습니다. 물 속에서 탁한 것은 아래로 가라앉고 맑은 것은 위로 올라가는 것과 마찬가지입니다.

실제 있었던 일을 이야기하겠습니다. 제 손이 닿으면 병이 낫는다고 소문이 났었나 봅니다. 하루는 어떤 사람이 찾아와서 자기 집으로 왕진을 부탁했습니다. 그래서 아쉬운 쪽에서 오라고 했더니 눈물이 글썽해지면서 말 못할 사정이 있다고 하였습니다. 자기 아들이지만 그런 환자를 본 적이 없으며 하도 묘한 질병이라 창피해서 여러 사람에게 보일 수가 없다는 것입니다. 그래서 가 보았더니 무척 부유한 집이었습니다.

대개 얼굴을 보면 늑대나, 쪽제비 같은 경우가 흔한데 그 아이는 사람은 사람인데 노루의 탈을 쓰고 있었습니다. 노루의 소리를 내고, 입도 나오고 하여 왜 그런 부탁을 했는지 이해가 갔습니다. 그 아버지는 왜 저런 녀석이 나왔는지 이유를 알기만 해도 속이 시원할 것 같다고 했습니다.

그 아이는 당시 열두 살이었는데 날 때부터 그런 형상을 하였다고 합니다. "사냥을 많이 했죠?"하고 물으니 아니나 다를까 노루를 수도 없이 사냥해서 죽이고 나서 그 자리에서 피를 빨아 마셨답니다. 어느 날 암노루를 한 마리 쏘았는데 배를 맞고 도망가는 것을 다리를 쏘아 쓰러뜨리고 나서 목을 따고 피를 빨아 먹었답니다. 그러고 나서 배를 갈라보니 새끼가 있었답니다. 그 후부터는 양심의 가책이 생기고 꿈에 계속 나타났는데 자식을 보니 그런 아이가 태어났다는 것입니다.

모든 생물은 신, 마음, 오기五氣로 구성되어 있습니다. 따라서 노루의 신이 그 아버지의 뇌파로 들어가 에너지 현상을 일으켜 정자로 나온 것입니다. 예를 들어 원폭 피해자의 자식이 불구자가 되는 것처럼 에너지 원칙에 따라 그 아이가 노루와 같이 된 것입니다. 다리도 노루의 다리와 비슷했으며 옆구리에 흉터가 있었습니다. 기를 주관하는 것은 마음인데 노루의 한이 사람의 뇌파로 들어가 그 신이 정자가 나올 때 정자의 성질을 결정한 것입니다.

마음을 어떻게 쓰느냐에 따라 기질이 형성되는데 그 아이는 아버지 정자의 산물이므로 아버지의 기가 바뀌면 아이가 바뀝니다. 그래서 지금부터 좋은 일을 하라고 하였습니다.

또한 우리에게는 지도령이 있는데, 예를 들어 좋은 지도령을 만나면 좋은 인연을 만들어 주어 버스에서도 사람을 만나 취직하거나 결혼을 하는 수가 있습니다. 나쁜 지도령을 만나면 버스에서도 소매치기나 강도를 만날 수가 있습니다. 그러한 현상은 대개 지도령에 의해 일어나며 수준이 높은 지도령을 만나면 운명이 바뀝니다. 지도령은 보통 자기와 차원이 비슷합니다. 그래서 아버지에게 지도령을 바꾸라고 말했더니 눈에 보이지 않는데 어떻게 바꾸냐고 했습니다.

그 방법은 우리에게는 혈통줄, 신명줄이 있는데 가급적으로 훌륭한 학자나 영급이 높은 가까운 조상을 지도령으로 찾는 것입니다. 과거에 선도 수련을 한 사람이 가장 좋습니다. 아버지 쪽에 없으면 어머니의 조상에서 찾으십시오. 에너지는 같은 질끼리 만나므로 가까우면 쉽게 옵니다. 그러니 외국에서 찾지 마십시오. 진리는 국경이 없으나 성인은 국경이 있습니다.

우리 나라는 성인이 없는 줄 알지만 실은 있습니다. 오랜 기간 사대주의에 젖어 오는 동안 우리는 제 역사를 찾지 못하고 중국, 일본에 의해 날조된 역사를 배웠습니다. 또한 현재는 미국식 사고 방식과 문화가 우리를 많이 지배하고 있습니다. 여러분도 아시다시피 2000년 전부터 기독교가 꽃피어 오면서 강대국이 약소국을 지배하려면 맨 먼저 성경이 들어가고 그 다음 코카콜라로 표현되는 그들의 문화가 들어갑니다. 그리고는 약소국의 정신, 문화를 말살했습니다. 신명줄을 끊어 놓았습니다.

천지에 계신 신명들은 신명줄을 바로 연결한 자의 부탁을 제일 먼저 들어줍니다. 이것은 아들의 부탁을 먼저 들어주고 사촌의 부탁을 나중에 들어주는 이치와 같습니다. 그러므로 조상 중에도 할아버지와 아버지가 제일 빠릅니다. 그러나 술을 많이 했거나 좋지 않았던 할아버지는 곤란합니다.

단군조선에는 47대의 천황이 있었고 배달 시대에는 18대의 천황이 있었습니다. 한웅천황과 신명줄을 연결해 주었습니다. 100일 후 찾아오는데 노루의 울음소리가 그치어 정상인의 말을 가르칠 수 있게 되었고 노루의 탈이 벗기어졌습니다. 그 아버지도 얼굴에서 광채가 나고 바뀌기 시작했습니다.

기를 맑게 하는 것은 감사 헌금을 많이 내는 것과는 관계가 없습니다. 순수하게 남을 위하는 마음, 수도하는 것, 진리를 깨닫고 실천할 때 기가 맑아집니다. 신앙은 나쁜 것은 아니지만 오랜 세월 동안 잘못 전달되어 오고 있습니다. 예수나 부처는 용돈이 필요하거나 사랑에 굶주린 분들이 아닙니다. 그들을 위하라고 가르치지만 그들은 성인이기 때문에 위로받을 필요가 없습니다. 그분들은 자신들의 사랑을 배워서 세상 사람들을 사랑하기를 원하지 그들을 모시는 일에 열중하기를 바라지 않습니다.

이 수련을 통해서 기를 맑게 하면 육체가 튼튼해지고 정신이 건강해집니다. 신앙은 좋으나 예수님, 부처님의 말씀을 잘 배워서 주위 사람을 사랑해야지 그분들을 거지로 만들어서는 안 됩니다.

"부처님에게 돈을 드리지 마십시오. 그분은 용돈이 필요치 않으십니다. 주위 사람들을 다 돕고 나서 돈이 남으면 스님들 용돈으로 주십시오"라고 말한다면 스님들이 들고 일어날 것입니다. 부처님께 돈을 드리면 복을 준다고 해야 절이 잘 됩니다.

우리는 곧 21세기를 살게 됩니다. 심령 과학 차원에서도 영의 급수가 높아지면 그 전의 지도령은 떠납니다. 지도령을 바로 세우는 것은 돈을 내고 하는 것이 아닙니다. 수련을 통해 기가 맑아질 때 낮은 지도령이 떠납니다. 그래서 운명을 바꾸는 수련은 이 수련밖에 없습니다. 이것은 심령 과학에서 증명이 됩니다.

습관도 지도령이 주관하므로 기가 바뀌면 습관도 바뀌어집니다. 자신의 습관이 바뀌면 나를 지배했던 지도령이 떠난 것이라고 생각하면 됩니다. 습관은 신이 조정하고 지도령이 주관합니다. 실례로 노름 지도령이 있습니다. 그래서 노름을 할 때는 허리 아픔, 배고픔, 졸리움도 모르고 하다가 다음날 후회를 합니다. 그러면 이렇게 시키는 것이 누구입니까? 후회하는 자, 즐거워하는 자가 다릅니다. 노름하는 신이 내 손으로 대신 즐기는 것입니다.

지도령은 바뀌기가 어렵습니다. 자기가 지도령보다 급수가 낮기 때문에 이런 행동을 하는 것입니다. 술도 마찬가지로 이성, 양심과 타협할 때는 지도령이 약해지다가도 술 먹고 이성을 잃으면 지도령에 끌려가게 됩니다. 또한 색신이 있는데 성을 주관하는 색신이 내 몸, 내 돈으로 대신 즐기는 것입니다. 그 때문에 인격 잃고, 돈 잃고, 병들고, 거짓말도 하게 되는 것입니다.

사람에게는 누구나 내가 있고, 지도령이 있습니다. 지도령을 잘 만나야 합니다. 이 수련은 육체와 정신의 건강뿐 아니라 사후 세계까지 바꿉니다. 내 기질을 갈고 닦는 수련으로 죽기까지 닦아야 합니다. 그래서 기가 맑아져서 완성되면 천화합니다. 보통 사회인들은 60점 미만이 80퍼센트 이상인데 이 수련을 일심으로 하면 지도령이 바뀌고 마지막 단계에서 천화합니다.

본질을 밝히자

오늘은 본질에 대한 것을 생각하겠습니다. 본질이 있고 껍질이 있습니다. 본질이 있고 액세서리가 있습니다. 우리는 무엇이 본질인지, 무엇이 액세서리인지 모르고 살고 있습니다. 본질에 대한 관심은 거의 사라졌고 본질에 대한 것을 가르쳐 주는 학문은 없습니다. 액세서리에 관한 것을 가르쳐 주는 것이 학문입니다. 모든 학문이 거의 그렇게 되어 있습니다.

또 모든 관심도 액세서리에 대한 것이 더 많습니다. 예를 들면 지식, 사상, 종교관, 관념, 또 우리가 굉장히 중요시하는 돈, 명예, 권력이나 옷, 음식 같은 것입니다. 이러한 것들은 핵을 발전시키고 키우는 데 필요한 것입니다.

정신은 인간에 의해 만들어진 것이 아닙니다. 정신이라고 하면 우리는 그것을 관념으로 생각합니다. 정신은 관념이 아닙니다. 핵입니다.

정충기장신명의 정은 관념이 아니라 존재하는 것입니다. 핵입니다. 우리는 정이 충만하고 기가 왕성해지고 신이 밝아지기를 원합니다.

정精과 신神의 중간에 기氣가 있습니다. 그래서 신보다 정이 우선입니다. 정은 움직이지 않지만 신은 움직이고 빛나는 것입니다. '기가 막히면 죽는다'는 우리말을 잘 풀이해 보면 그 말에 철학이 있고 진리가 있음을 알 수 있습니다. 기가 막히면 죽는다는 말은 있지만 정이 막힌다는 말은 없습니다. 정은 있다, 없다로 표현합니다.

또 신이 막힌다는 말도 없습니다. 신은 밝다, 어둡다로 표현합니다. 신은 씨입니다. 그래서 여러분의 과거는 아버지의 정충이었다고 말하는 것입니다. 아버지는 할아버지의 정충이었고, 할아버지는 증조할아버지의 정충이었습니다. 정충은 관념이 아닙니다. 핵, 본질을 표현하기 위해서 지식이 필요하고 철학이 필요하고 관념이나 사상, 종교가 필요한 것입니다.

우리는 우리의 정신을 잃어버리고 외국의 정신에 의해서, 외국의 사상에 의해서, 외국의 문화에 의해서 너무 많이 염색되다 보니 내 정신, 내 본질이 무엇인가에 대해 거의 생각하지 못하고 살아가고 있습니다.

단학은 정신을 찾는 공부입니다. 그 정신은 단순한 정신이 아닙니다. 우리는 흔히 정과 신을 한덩어리로 생각해서 관념으로 생각합니다. 관념으로 생각할 뿐 정과 신을 핵으로 보는 사람은 별로 없습니다.

정신에는 우리의 정신이 있고 남의 정신이 있습니다. 주신이 있고 객신이 있습니다. 정충도 내 정충이 있고 남의 정충도 있습니다. 그런데 어느 때부터인가 내 것에 남의 것이 접붙어서 오히려 주인 노릇을 하고 있습니다. 우리의 정신은 어느 곳으로 갔는지조차 모른 채 외국 정신과 외국 사상이 너무 깊게 파고들어서 주인 노릇을 하고 있고, 우리의 정신은 외국의 객신을 모시는 하인이 되어 버렸습니다.

개인도 마찬가지입니다. 자신의 본질을 위하여 사는 것이 아니고 돈과 명예를 위하여 살고 있습니다. 돈이나 명예, 권력은 본질을 나타내기 위하여 있는 것입니다. 본질을 나타내기 위해서는 어느 정도 필요하지만 돈과 명예에 너무 빠져 버리면 인간의 본질이 명예와 돈의 노예가 되어서 주인이 하인 노릇을 하게 됩니다.

이 공부는 우리의 정신을 찾는 공부입니다. 정신을 찾는 것은 외로운 과정입니다. 흔히 정신이나 의리가 밥 먹여 주느냐고 얘기합니다. 모든 문제가 밥과 직결됩니다. 이제는 의식주 문제가 어느 정도 해결되었기 때문에 단학선원은 인간의 본질을 찾으려고 나온 것이고 본질을 알리려고 이러한 노력을 하는 것입니다.

본질로 볼 때 인간은 귀중합니다. 본질을 던져 버리고 나면 인간은 귀중해야 할 이유가 없습니다. 본질과 정신으로 볼 때에 인간은 귀중합니다. 동물에게는 정은 있지만 인간이 가지고 있는 정신은 없습니다. 또한 기도 있습니다. 기는 셉니다. 그런데 그 기가 발전해서 신이 되는데 동물에게는 그 신이 없는 것이 아니지만 아주 저급합니다.

그래서 동물의 단계는 제가 신의 단계를 나눈 것에서 5단계 이하입니다. 일지一知·이지·삼지·사지·오지가 그것입니다. 일지는 움직이지 못하는 정지 단계로서 식물의 단계입니다. 이지는 움직이기는 하나 바퀴벌레와 같이 아주 미약한 것이고, 삼지는 토끼나 닭처럼 움직이는 단계입니다. 사지는 개 정도의 단계이고 오지는 개 중에서도 우리 나라의 진돗개나 원숭이로 상당한 지능이 있는 것입니다.

사람의 모습을 가지고도 오지의 단계에 머물러 있는 사람이 있습니다. 육지부터는 사람의 모습을 갖지 않고서는 불가능합니다. 이 공부는 육지부터 가능합니다. 기라는 것은 세다고 해서 자랑할 것이 못 됩니다. 황소도 코끼리도 기는 셉니다. 신의 단계가 어디에 있느냐가 문제입니다. 오지냐, 육지냐 하는 것입니다. 육지·칠지·팔지·구지·십지가 있습니다. 십지라는 것은 바로 견성見性(자신의 참모습을 보는 것)입니다.

견성見性 위에는 영지가 있고, 영지 위에는 무사지가 있고 또 그 위에는 대명지가 있습니다. 10단계에서는 바로 본질을 아는 것입니다. 본질, 본체를 깨닫는 것입니다. 그것은 대맥이 돌았다든지 임독맥이 돌았다든지 하는 것들과는 관계가 없습니다. 그것은 기적 현상에 지나지 않습니다. 별이 내 머리로 들어왔다는 것과 관계가 없습니다. 눈을 감고 들어 보십시오.

어느 날 캄캄한 밤이었노라
갑자기 찬란히 빛나던 별 하나
내 머리에 들어와서 내게 속삭이는 말

반짝이는 저 하늘의 별이 보이는 것은

눈이 보는 것이오

창 밖에 흐르는 빗방울 소리 듣는 것은

내가 듣는 것이 아니고 귀가 듣는 것이다

예전에 나는 별을 내가 보았고

창 밖에 흐르는 빗방울 소리 듣는 것을

내가 듣는 것으로 알았노라

이제 내가 눈을 한 번 더 뜨고

귀를 한 번 더 열고 바라보니

내가 곧 별빛이요

내가 곧 빗방울이어라

아아, 찬란한 빛이 한 번 더 빛나매

나는 별빛도 아니고 빗방울도 아닌 것을

참으로 내가 모든 것을 알고

나를 깨달으매 말로써는 말할 수 없는 것을

하늘에 창 밖에 별빛은 반짝이고

빗방울은 하염없이 내리는구나

이 공부를 하는 것은 여러분의 본질을 밝히는 데 있습니다. 본질을 찾고 본질을 알려 주는 데 있습니다. 우리의 정신은 원래 내 정신, 네 정신이 있는 것이 아니고 한 정신입니다. 한 정신을 아는 사람이 많이 나와서 경제계에서, 의학계에서, 예술계에서 활발히 활동할 때 이 세계는 새로운 문화가, 새로운 역사의 장이 열리게 될 것입니다.

여러분이 수련을 하는 목적은 정충기장신명에 있고 또 신이 밝아짐으로써 그런 세계를 바라볼 수 있고, 모든 생명체를 본질로 대할 수 있도록 하는 데 있습니다. 그런 다음에야 나의 핵이 상대방의 핵과의 작용을 통해서 항상 빛날 수 있는 것입니다.

그래서 심고를 드리라는 것은 여러분의 핵이, 본질이 계속 빛나게 하기 위해서입니다. 기라는 것은 각자가 차원이 다 다릅니다. 또한 기는 들어오고 나가는 것이기 때문에 정이 충만했다가도 관리를 잘못하게 되면 마구 나가게 됩니다. 그러므로 기는 여러분이 관리를 잘해야 합니다. 정을 충만하게 하는 것은 잘 먹고, 잘 자고, 숨을 잘 쉬면 됩니다. 지기地氣와 숨, 즉, 청靑이 합쳐져서 정精이 되는 것입니다.

기가 맑아지는 방법은 정신을 맑게 갖는 것입니다. 기가 센 사람도 생각하는 것이 탁하면 그 기는 탁하게 되며 또한 나쁘게 써지게 됩니다. 기가 세다고 좋아할 것이 아닙니다. 기는 사람이 활동하는 데 지장만 없으면 됩니다. 그 다음에 그 기를 어떻게 승화시키느냐가 문제입니다. 운전을 하는 것은 신입니다. 신이 항상 밝게 빛나야 합니다.

여러분들의 정신이 항상 빛나야 합니다. 여러분이 어떤 정신을 갖고 사느냐가 중요한 것입니다. 제가 가장 중요시하는 것이 정신입니다. 정신이 빛나면 자연적으로 축기가 됩니다. 정신이 빛나면 자연적으로 허심강기虛心强氣가 내 몸을 감싸고 돌게 되어 있습니다. 핵 주위에는 핵을 감싸고 있는 기운이 있습니다. 핵이 있느냐 없느냐가 중요합니다.

이것은 여러분이 스스로 깨달아야 하는 것이나 굳이 말로 표현하자면 그런 것입니다. 본질을 찾고 본질을 빛내야 합니다. 이제 우리는 관념에서 해방되어야 합니다. 외국의 정신을 우리의 정신을 키우기 위한 거름으로 쓸지언정 외국의 정신을 주인으로 섬기는 일은 하지 말아야 합니다.

여러분들이 이제는 호흡에만 매달릴 때가 아닙니다. 물론 축기도 해야 하지만 호흡은 저절로 되는 것이지 일부러 하는 것이 아닙니다. 정신을 잘 잡아야 합니다. 정신을 놓치면 안 됩니다. 기운줄을 놓치면 안 됩니다. 여러분의 생명의 본체, 본질은 변하는 것이 아닙니다. 질량불변의 법칙에 따라 영원히 사는 것임을 알기 바랍니다.

내가 영원히 사는 것을 아는 것처럼 기쁜 일이 없습니다. 이것이 최고의 기쁨입니다. 이 몸뚱이는 껍데기에 불과합니다. 변하지 않는 것, 영원히 변치 않는 것을 아는 것이 중요합니다. 그러면 우리의 정신이 태극궁에 들어가게 됩니다. 우리의 조상 중에는 태극궁에 들어가 있는 많은 선령들이 있습니다. 수행이 높은 사람들이 영원히 모여 사는 곳입니다.

인간에게는 대천문이 있고 항문이 있습니다. 배설물과 같이 나가서 영원히 땅에 묻히는 사람은 지옥으로 가는 것입니다. 하늘로 향하는 대천문으로 나가서 신령스러운 하늘과 영원히 하나 되는 사람은 천당으로 가는 것입니다. 옥은 갇혀 있는 곳을 말합니다. 우리가 땅을 파고 갇히는 것도 마찬가지입니다.

원래 맑고 고운 것은 위로 올라가고, 탁하고 무거운 것은 땅으로 내려가게 되어 있습니다. 구름이 비가 되어 하늘에서 내리는 것은 보이나 땅에 있는 물이 하늘로 올라가는 것은 보이지 않습니다. 보인다, 안 보인다 하는 것은 불확실한 것으로, 원래는 보이는 것은 안 보이는 것이고 안 보이는 것은 보이는 것입니다.

그것은 인간이 가지고 있는 눈의 장난, 눈의 한계이지 사실 볼 수 있다면 지금 땅이 계속 위로 올라가고 있습니다. 수증기가 올라갑니다. 그런데 그것은 안 보이고 내려오는 것만이 보일 뿐입니 다. 관념과 실체를 어떻게 연결할 것이냐 하는 문제입니다. 영원히 변하지 않는 본질, 본체를 보아야 합니다.

천지인

천지인天地人은 바로 하늘과 땅과 하나 된 사람을 말합니다. 단학선원을 설립한 이래 민족의 경전을 알리려고 천지인 책을 발간한 지가 오래되었습니다. 그러나 때가 안 되었기 때문에 오늘에야 처음으로 천지인 책에 대한 강의를 하게 되었습니다. 이것이 곧 단학의 이론이며 원리가 됩니다.

이 안에는 우주의 원리, 인생의 원리와 이치가 들어 있습니다. 우리는 외국의 경전과 사상, 철학을 접할 수 있는 기회는 많이 있었지만 우리 민족의 고유하고 순수한 사상과 철학을 접할 기회는 거의 없었습니다. 이 시간은 귀중한 시간이 될 것입니다. 여러분이 마음을 열고 경건한 마음으로 이 강의를 들어보시기 바랍니다.

천지인은 새 하늘과 새 땅을 여는 사람입니다. 지금 이 세상은 헌 하늘과 헌 땅입니다. 죄악에 물들어 있고 혼탁해 있습니다. 인간의 육체에는 질병이 침범하고 여러 가지 욕망이 인간의 정신을 좀먹고 있습니다. 그래서 요즘은 많이 공부한 사람이나 적게 공부한 사람이나 어떻게 사는 것이 바르게 사는 것인지, 앞날이 어떻게 될지 내일을 알지 못하고 살아가고 있습니다. 우리는 중심을 잃고 방황하고 있는 것입니다.

식물은 뿌리를 땅에 내립니다. 사람은 그 뿌리를 몸 속에 갖고 있습니다. 몸 속의 폐를 보면 그 폐에는 뿌리가 있습니다. 수많은 가지가 있습니다. 식물도 뿌리가 잘리면 죽듯이 사람도 뿌리인 폐가 딱 멈추면 죽습니다. 팔다리가 잘려도 살 수 있지만 폐에 이상이 생겨 숨을 쉬지 못하면 죽는 것입니다.

인간의 뿌리는 마치 육체를 향해 뻗어 있는 듯하나 그렇지는 않습니다. 그 뿌리는 육체에서 영양분을 공급받는 것이 아니고 허공으로부터 영양분을 공급받고 있습니다. 그래서 뿌리를 몸 속에 감추고 있으나 뿌리를 박고 있는 곳은 허공인 하늘입니다. 그래서 허공이 무서운 줄 알아야 합니다. 허공은 이 생명의 원천입니다.

우리는 이 같은 생명의 원리와 이치를 모르면서 살아가고 있습니다. 우리는 하늘의 중요성을 알아야 합니다. 우리 인간은 자연의 일부분인 것을 알아야 합니다. 인간이 자연을 무시하고 자연에 적응하지 못하고 오히려 자연을 함부로 지배하려고 달려듭니다. 지금 인류는 그런 쪽으로 가고 있습니다. 인류는 자연을 파괴하다가 엄청난 공해 문제로 시달리고 있습니다. 인간이 편리하기 위해 공장을 만들고 자동차를 만들었는데 여러 공장과 자동차에서 나오는 매연은 바로 우리의 뿌리인 하늘에다, 생명의 원천인 바다에다 엄청난 폐기물을 내보내고 있는 것입니다.

작은 눈으로는 인간이 자연을 지배하는 것같이 보입니다. 그러나 산을 깎아서 운동장을 만들고 달을 밟았다고 해서 산이나 달을 지배했다고 볼 수 있습니까? 인간이 지금 한없이 거만하고 오만해지고 있기 때문에 그 벌을 받고 있습니다. 천지인 정신은 자연을 지배하겠다는 정신이 아니고 자연과 조화를 이루겠다는 정신입니다. 자연과 조화를 이룰 뿐 아니라 모든 인종의 사람들과 조화를 이루겠다는 사상입니다. 우리는 조화 사상을 잃어버리고 지배하겠다는 관념 속에서 살아가고 있습니다.

그래서 노사 문제가 생기고 전쟁이 생깁니다. 천지인은 바로 하늘과 사람이 하나로 조화된 사람을 말하며 사람이 자연의 한 부분인 것을 철저히 자각하는 사람입니다. 그리고 천지인은 거만하지 않고 겸손합니다. 인간이 돈을 좀 벌고 명예를 얻었다고 해서 거만해지기 시작하면 그 때부터 병들기 시작합니다. 그 사람의 운명이 서서히 내리막길을 향해서 갈 수밖에 없습니다.

인류는 발전해 온 것 같지만 계속 타락해 왔고 현재 성공보다 실패하고 있는 상태라고 봅니다. 방향을 잘못 잡고 있습니다. 그래서 방향을 수정하지 않으면 안 됩니다. 조화의 이치를 아는 사람이 빨리 수정하지 않으면 안 됩니다. 조화의 이치는 바로 너와 내가 다 함께 사는 이치입니다.

우리 몸도 조화를 잃었을 때 병듭니다. 다시 말해서 심장은 너무 튼튼하고 위장이 너무 약할 때, 또 간장은 튼튼하고 콩팥이 반대로 약하다면 병이 드는 것입니다. 우리에게는 아직 조화의 개념이 머리 속에 정립되어 있지 않습니다. 훈련을 받아야 하는 것입니다. 그런 사람이 천지인이 되는 것이고 천지인에 의해서 새 하늘과 새 땅이 열려야 하는 것입니다.

이런 일지활구 一指活句가 있습니다.

천지기운 내 기운, 내 기운 천지기운
천지마음 내 마음, 내 마음 천지마음

수많은 수도를 통해서 깨달은 것은 바로 이 내용입니다. 이것으로 저는 단학을 보급했습니다. 단학을 누구한테 배워서 가르치는 것이 아닙니다. 이 일지활구는 제가 수도를 통해서 깨달은 핵심입니다. 바로 하늘과 내가 하나라는 것을 알게 되었습니다.

이 말은 기를 터득하지 않은 사람은 이해하기 어렵습니다. 저는 기를 체험하고 나서 '이 기운의 정체가 무엇이며 이 기운이 어디서부터 왔으며 이 기운의 나이가 얼마나 되었는가'를 알기 위해 수행했습니다. 기운을 알고 보니 그 기운이 바로 천지기운이고, 천지기운이 내 기운이라는 것을 알게 된 것입니다. 또한 마음, 마음 하는데 그 마음이 무엇인가? 내 마음이 천지의 마음과 어떻게 다른가 하고 수도해 보니 내 마음이 천지의 마음과 하나인 것을 알게 되었습니다. 그러니 여러분의 마음도 저의 마음도 하나인 것입니다. 생각은 다를지언정 마음은 하나입니다. 모양은 다르나 실체는 하나입니다.

일지 활구 중에 '마음이 있는 곳에 기가 있고, 기가 있는 곳에 혈이 있고, 혈이 있는 곳에 정이 있다'는 말이 있습니다. 마음을 손에 집중하면 손에 기운을 느낄 수 있습니다. 마음이 있는 곳에 기가 있기 때문입니다. 마음이 있는 곳에 기가 있습니다. 또 기가 있는 곳에 혈이 있고 혈이 있는 곳에 정이 있습니다. 그러므로 모든 것의 근원은 마음입니다.

우리는 흔히 정情이 없어서 못살겠다는 말을 합니다. 정精이 충만하면 자연히 정情이 생기게 되어 있습니다. 왜 학교의 도덕 교육이 실패했느냐 하면 학교의 공부는 정이 없는 공부이기 때문입니다. 아무리 스승의 날을 만들고 스승에 대한 감사를 알려 주고 해도 요즈음은 학생들이 교수 아저씨, 총장 아저씨 하고 부릅니다. 거기에는 존경심이 없습니다. 왜 없느냐 하면 정이 없기 때문입니다.

정이 없는 교육은 교육이 아닙니다. 기술 교육은 정이 없어도 할 수 있습니다. 그러나 참인간 교육은 정 없이는 할 수 없습니다. 그러면 인간 교육은 누가 해야 하느냐 하면 부모밖에는 없습니다. 자식에 대한 참사랑을 지닌 부모가 해야 합니다. 그러나 요즈음 부모들은 인간 교육도 선생님들이 다 해 주려니 하고 기대합니다. 잘못 생각한 것입니다. 인간의 교육은 정을 통해서 이루어져야 합니다.

제가 하는 이런 교육도 여러분이 기를 통해서 정으로써 받아들이지 않으면 아무런 의미가 없습니다. 여러분은 정으로써 저와 우선 하나가 되어야 합니다. 기로써 여러분의 기와 저의 기가 하나인 것을 알아야 합니다. 저와 여러분 사이에 정을 느끼는 사람은 교육이 잘 됩니다. 정이 안 든다고 느낄 때는 벌써 엄청난 벽이 쌓여 있는 것입니다.

우선 이 교육을 받기 전에 마음의 문을 열고 정을 느껴야 합니다. 저는 여러분에게 정으로써 강의합니다. 그것이 가슴으로 연결되어야 합니다. 전달되어야 하는 것입니다.

일지활구 중에 '우리는 한얼 속에 한울 안에 한알이다' 라는 말이 있습니다. 사람에게는 사람의 얼이 있고, 개에게는 개의 얼이 있으며, 토끼에게는 토끼의 얼이 있고, 하늘도 하늘의 얼이 있습니다. 얼 중에서 제일 큰 얼이 한얼입니다. 한얼의 파편이 떨어져 나가서 여러 가지의 다른 얼들이 됩니다. 얼은 바로 씨입니다. 생명의 본체입니다. 그 얼의 씨가 무엇이냐에 따라 사람도 되고 토끼도 되는 것입니다. 그래서 모든 얼씨의 근본을 한얼이라고 합니다.

그래서 '우리는' 할 때의 우리는 사람뿐만 아니라 모든 생물과 자연을 포함하는 것입니다. 한울 속에서의 울은 우주의 울타리를 말합니다. 그러나 작게 보면 몸뚱이도 울이 될 수 있고 토끼장도 울이 될 수 있습니다. 세포 하나하나도 울이 될 수 있습니다. 크게 보면 그 울은 바로 우주를 의미합니다.

‘한얼 속에 한울 안에 한알이다’ 여러분이 바로 알입니다. 한알은 따로 떨어진 알이 아니라 서로 연결되어 있는 것입니다. 나와 너의 개념은 하나의 착각입니다. 또 살기 편하게 만들어 놓은 것 뿐입니다. 분리만 해 놓은 것입니다. 우리의 눈으로 볼 때는 너와 내가 분리될 수 있으나 근본적인 입장에서는 전부 다 뿌리를 하늘에 두었기 때문에 모두 우리인 것입니다. 뿌리를 하늘에 두었기 때문에 하늘로부터 영양분을 공급받고 있습니다. 땅으로부터도 받고 있습니다. 하늘과 땅은 분리된 것이 아니기 때문입니다. 하늘과 땅은 통째로 있는 것입니다. 하나입니다.

하나인데 이것을 사람이 갈라 놓았습니다. 원래가 근본 이치는 하나입니다. 이 하나인 이치를 확실히 깨닫게 될 때 너와 나의 개념이 모두 같은 것임을 알게 됩니다. 원래의 실체를 알게 되는 것입니다. 이것들은 인간이 만들어 놓은 단어에 불과합니다.

하늘과 땅은 떨어져 있는 것 같으나 하나로 붙어 있습니다. 어디부터 분류할 수 있겠습니까? 땅에는 수없는 하늘이 들어가 있습니다. 우리가 볼 때는 딱딱 막혀 있는 것 같으나 땅 속 깊은 곳에도 물이 흐르고 있습니다. 물은 입자로 되어 있습니다. 원자로 되어 있습니다. 그 속에는 수많은 공간이 있습니다. 전부 허공입니다. 그런가 하면 전부 땅입니다. 공기 속에는 탄소, 수소 등의 수많은 물질이 들어 있습니다. 단지 보이지 않을 뿐입니다.

지금은 현대 과학이 발달했기 때문에 이것이 이해됩니다. 과학적으로 믿어집니다. 그러나 옛날에는 깨달은 분이 말하면 그냥 믿을 수밖에 없었습니다. 이치가 그렇습니다.

일지 활구 중에 '내 몸은 내가 아니고 내 것이다'는 말이 있습니다. 이 말은 나라는 것을 아는 사람만이 말할 수 있습니다. 이 우주도 내 것입니다. 이 소리는 바로 얼의 소리입니다. 그러면 나는 한얼입니다. 그런데 그 얼이 내 머리 속에 내려와 있고 나의 몸과 팔다리에는 천지의 신령스러운 기운이 감돌고 있습니다.

여러분이 이것만 알면 '나는 천지인이다', '나는 천지기운이다', '나는 천지마음이다'라는 말의 뜻을 다 공부한 셈이 됩니다.

저는 오늘 여러분에게 아주 소중한 보물을 한 가지 알려 드리겠습니다. 이 보물은 수천 년, 수만 년이 지나도 변하지 않습니다. 여러분이 그 보물을 캐기만 하면 모든 문제를 다 해결할 수 있습니다. 여러분이 원하는 모든 것을 다 얻을 수 있습니다. 그러한 보물이 여러분의 몸 안에 있습니다.

그것을 모른다면 자기 집 속에 엄청난 보물이 있어도 그것을 알지 못하는 것과 같습니다. 그 보물은 볼 수도 없고 만질 수도 없습니다. 그러나 이 세상의 어떤 것이든 보이는 것은 다 변하게 되어 있습니다. 보이는 것은 허황된 것입니다. 우리가 참으로 의존할 것이 못 되는 것입니다.

남녀 간에 한창 사랑이 불붙었을 땐 그 사랑이 영원할 것 같으나 잠시뿐입니다. 또, 명예를 얻으면 그 명예가 영원히 나를 지켜줄 것 같으나 그것도 잠시뿐입니다. 돈도 마찬가지입니다. 집도 마찬가지입니다. 모든 것은 다 변합니다. 우리의 몸도 변합니다.

그런데 영원히 변하지 않는 것이 있습니다. 영원히 변하지 않는 것은 귀한 것입니다. 보물이 왜 귀하냐 하면 변하지 않기 때문입니다. 변질이 되는 것은 보물이 아닙니다. 변질되는 것 중 제일 변질되지 않는 것은 다이아몬드입니다. 그래서 그것이 귀한 겁니다.

그러나 그것보다 더 귀한 것이 우리 몸 속에 있습니다. 그것을 알려주기 위해서 저는 단학을 보급하는 것입니다. 그 보물의 이름은 바로 신성神性입니다. 이것은 사람에게만 있습니다. 여러분은 신성이라는 그 보물을 캐야 합니다. 몸 안에 신의 성질이 있다는 것입니다. 멀리 있는 것이 아니고 몸 안에 있습니다. 신성이 바로 한얼인 것입니다.

'내 머리 속에는 한얼이 내려와 있고 나의 몸과 팔다리에는 천지의 신령스러운 기운이 감돌고 있다'. 이 말은 6000년 전에 한웅천황께서 하신 말씀입니다. 그 때의 신성이나 지금의 신성이나 변한 것이 없습니다. 단지 죄악과 여러 가지의 욕망으로 때가 끼었을 뿐입니다. 그 때만 벗겨지면 모든 것을 다 얻게 됩니다. 참행복은 외양적인 것에서 얻을 수 없습니다. 바로 내면 깊은 곳에 있습니다. 신성이 우리 안에 있다는 것이 얼마나 감동적인 일입니까? 그 신성이 밝지 못하기 때문에 우리는 병에 시달리게 되고 정신적인 외로움 속에 있고 신성이 밝지 못하게 되니까 욕심을 내게 되고 죄를 짓게 되는 것입니다. 그리고 죽음에 대한 공포 속에서 불안하게 살고 있는 것입니다. 그것의 해결은 지식으로 되는 것이 아닙니다. 지식이 아닌 새로운 것, 신성이라는 성질이 나타나야 되는 것입니다. 이것은 박사가 됐다고, 공부를 많이 했다고 나타나는 것이 아닙니다. 머리가 좋다고 나타나는 것도 아닙니다.

여러분은 신성을 밝히겠다는 원력을 세워야 합니다. 우리는 영원히 변치 않는 것을 위해서 살아야 합니다. 영원한 것을 위해서 살아야 합니다. 우리의 마음이 밝아졌을 때 신성을 찾을 수 있습 니다. 그 신성은 우리에게 편안을 줄 것이며 신령한 기운을 우리에게 줍니다. 무한한 힘이 우리 몸의 주위를 감싸고 있는 것을 알게 됩니다. 우리의 몸에 신성이 나타났을 때는 신기가 감돌게 되어 있습니다. 그래서 신성을 밝히는 것을 신명이라 합니다.

정을 충만하게 하기 위해서 이 공부를 합니다. 그 다음에 기가 장해야 합니다. 마지막은 신명 공부입니다. 그 신성이 바로 우리의 본성이므로 본성광명을 이루어야 합니다. 신성은 본래 우리의 모습입니다. 한얼이 떨어져 내려와 이것이 발전해 왔는데 이 세상에서 크다 보니까 여러 가지 욕망이나 잡념, 습관의 때가 끼어서 그것을 모르고 있는 것입니다. 우리는 본래대로 귀의할 때 한얼로 돌아갈 수 있습니다. 본래대로 신성이 밝아질 때 그 신성이 원래 우리의 모습입니다.

어떤 생리학자와 의학자들은 인간 본래의 모습이 정충이라고 합니다. 정충이 본래 사람의 모습이냐 하면 그렇지 않습니다. 정충 전에 무엇이 있었느냐 하면 하나의 단백질이었습니다. 그러면 단백질이 우리의 근본이냐 하면 그렇지 않습니다. 과학적으로는 그렇게밖에는 분석이 안 되는데 과학이 넘을 수 없는 세계가 있습니다.

우리의 본질은 바로 신성입니다. 자녀에게 '너의 몸에는 값진 것이 있어, 신성이라는 것이 있단다'. 이렇게 어렸을 때부터 가르쳐 준 사람과 아예 잘 먹고 잘 사는 것만 가르쳐 준 사람과는 근본이 다릅니다. 방향이 달라질 수밖에 없는 것입니다. 사람의 몸에는 신성이 있다는 것을 이 세상을 향해서 알려 주어야 합니다. 그것이 우리 민족의 사상입니다. 그래서 우리 민족을 천손이라고 하는 것입니다. 제가 여러분에게 알려 주었듯이 여러분도 주위 사람에게 알려야 할 사명이 있습니다.

완전한 행복과 완성

사람은 누구나 다 행복하기 위해서 삽니다. 비천한 사람이나 귀한 사람이나 여자나 남자나 배운 사람이나 배우지 못한 사람이나 다 행복을 위해서 삽니다. 행복하기 위해서는 우선 육체의 건강을 토대로 해서 정신 건강에도 관심을 갖지 않으면 안 됩니다. 우리는 물질적인 문제, 의식주의 문제만 가지고는 행복해질 수 없습니다. 이것은 행복해지기 위한 기본 조건은 될 수 있을지 몰라도 정말 중요한 것은 신성을 어떻게 만족시키느냐 하는 것입니다.

개인의 행복은 소유욕을 만족시키는 데 있습니다. 저도 소유욕을 만족시키고 있습니다. 소유욕을 만족시키기 위해서 열심히 노력하고 있습니다. 저뿐만 아니라 부처, 공자, 예수, 소크라테스와 같은 4대 성인도, 단군 할아버지도 다 소유욕을 만족시켰습니다. 소유욕을 만족시켰기 때문에 키가 제대로 클 수 있었습니다. 일찍부터 소유욕을 무시했으면 키도 자라지 못했을 것입니다. 소유욕을 만족시킨다고 해도 키는 클 수 있는 한계가 있습니다. 우리 육체는 어느 정도 크면 더 이상 크지 않습니다.

그 다음에 우리는 신성을 성장시키기 위해서 노력해야 합니다. 개인의 행복은 소유욕을 만족시키는 데 있습니다. 많은 사람들은 개인의 행복을 위해서 소유욕을 만족시키고 노력합니다. 그리하여 이제는 공인까지도 양심의 욕구를 만족시키는 데 인색합니다.

큰 천지의 마음으로 볼 때 이 세상에 죄는 없습니다. 큰 하늘의 마음으로 볼 때는 누구나 다 소유욕을 만족시키기 위해서 생명을 위해서 아주 열심히 삽니다. 그것은 아름다운 것입니다. 시간과 장소에 따라, 보는 입장에 따라서 선이 되고 악이 될 뿐이지 원래 선악은 없는 것입니다. 큰 눈으로 볼 때는 모두가 성실하고 열심히 삽니다. 깡패는 깡패대로 사기꾼은 사기꾼대로 열심히 사기를 치고 열심히 도둑질을 합니다. 당하는 입장에서는 억울하지만 큰 눈으로 볼 때는 아주 열심히 사는 것입니다.

사람들은 물질적인 죄악엔 금방 증오나 거부감을 느끼면서도 사상적인 죄악은 잘 느끼지 못합니다. 대량의 범죄는 물질에서 오는 것이 아니고 사상과 정신에서 옵니다. 피해를 얼마나 입는지도 모르는 사이에 전부를 다 잃게 됩니다. 예를 들면 우리는 외국에서 우리 나라에 처녀 백 명을 바쳐라 하면 인심이 들끓고 야단이 날 것입니다. 또 쌀을 수천 섬 바쳐라 하면 굉장한 피해 의식을 느낄 것입니다. 그러나 강대국이다 선진국이다 해서 그 나라의 문화를 통해서 정신과 철학과 종교를 서서히 주입시키면 어떻게 됩니까? 민족을 위해서 순국하는 자는 없지만, 외국의 신앙과 정신을 위해서 목숨을 다 바치면서도 피해를 느끼지 못하는 자는 얼마든지 있습니다.

인간의 의식 수준과 감각은 완전한 것이 아닙니다. 우리는 육체의 점검은 잘 합니다. 육체에는 건강의 기준이 있습니다. 그러나 우리의 정신과 사상에 대해서는 점검할 수 있는 기준이 없기 때문에 한없이 혼란과 투쟁이 계속되는 것입니다. 그것은 확실한 설계도 없는 사람이 집을 짓는 것과 같습니다. 행복을 추구하려면 무엇이 행복이며, 완성을 추구하려면 무엇이 완성인가 하는 확실한 기준이 있어야 합니다.

완전한 건강은 육체만 가지고 이루어지는 것이 아니고, 완전한 정신과 육체를 통해서 이루어질 수 있습니다. 건강이라는 것은 어디서 오는 것인가? 바른 데서 옵니다. 또 바르다 바르지 않다 하는 것은 원리를 알아야만이 판단할 수 있습니다. 건강에도 원리가 있습니다. 단학에는 건강의 원리로서 수승화강의 원리, 정충기장신명의 원리 등 여러 가지 원리가 있는데 그 원리에서 벗어났을 때 문제가 생깁니다.

예들 들면 수승화강의 원리에 의하면 머리는 항상 시원해야 하고 단전은 항상 더워야 합니다. 속을 썩이고 화를 내면 단전에 모였던 기가 머리로 올라갑니다. 그렇게 되면 머리가 아프고 열이 나면서 침이 바짝바짝 마르고 오래되면 소화가 안 됩니다. 건강해지는 방법에는 정을 충만하게 하고 기를 장하게 하고, 신을 밝게 하는 세 가지 방법이 있습니다. 건강은 정에 뿌리를 둡니다. 정충이면 불사색不思色이요, 기장이면 불사식不思食이요, 신명이면 불사수不思睡라고 했습니다.

우리는 대개 정이 충만한 사람이 여자를 좋아하고 색을 밝히는 것으로 알고 있지만 원래 정精에 굶주린 사람이 색을 탐합니다. 정이 충만한 사람은 색에 대한 생각이 없습니다. 이건 사랑하는 것과는 다릅니다. 기가 장하면 불사식이라 밥 생각이 없습니다. 수련 정도가 깊은 사람은 열흘, 이십 일, 삼십 일, 사십 일 동안 밥을 먹지 않아도 견딥니다. 신이 밝아지면 불사수라 잠자고 싶은 생각이 없어집니다.

정이 충만하고 기가 장하고 신이 밝아지는 것을 우리는 단학 수련의 목적으로 삼습니다. 정이 충만하지 않고서는 기가 장해질 수 없고, 기가 장해지지 않고는 신이 밝아질 수 없습니다.

달마 대사가 쓴 무술을 단련하는 달마 역근경에 재미있는 얘기가 나옵니다. 달마 대사는 제자들을 수련시킬 때에 정이 충만한 것을 수련의 조건으로 삼았습니다. 그래서 역근경에 보면 남근 단련법이 있습니다. 이것은 물론 여자를 상대하기 위해서는 아닙니다. 정을 단련하기 위해서입니다. 정이 충실치 못하고 정력이 약한 제자는 참선을 시키지 않습니다. 정력이 약하고 기가 허약한 녀석이 무슨 참선 공부를 할 수 있느냐는 것입니다. 정이 약하면 졸음밖에 올 것이 없다는 것입니다. 달마 대사는 수도의 전제 조건을 정이 충만한 데 두었던 것입니다. 이것은 아주 과학적인 이야기입니다.

단학 수련은 완전한 인간을 만드는 데 있습니다. 완전한 인간은 바람을 일으키고, 구름을 부르고, 축지법을 쓰는 그런 인간이 아니라 정상인을 말합니다. 정이 충만해서 주는 사랑은 자비로움입니다. 정이 허약해서 추구하는 것은 제일 차원 낮은 질투입니다. 차원 높은 사랑은 자비입니다.

기가 장하면 천기를 흡수하기 때문에 식사 때에 평소 식사량의 반만 먹어도, 하루 두 끼만 들어도, 좀더 단련해서 하루에 한 끼만 들어도 아무 지장이 없습니다. 또 신이 아주 밝게 되면 잠을 두세 시간만 자도 아무 지장이 없습니다.

단전호흡을 열심히 하면 정이 충만해지고, 단공이나 도인법을 열심히 하면 기가 장해지고, 명상 수련을 하면 신이 밝아지는데. 제일 기본이 단전호흡입니다.

단학인의 목표는 인간 완성에 있습니다. 한때 부강했던 로마가 왜 망했습니까? 부모들은 아이들이 잘 먹는 것을 아주 기뻐합니다. 그런데 과식으로 비만증이 생기게 되면 그 때부터 고민을 하게 됩니다. 당뇨, 고혈압 등 온갖 성인병이 생기게 됩니다. 몸은 비대해지지만 오래 못 살고 죽게 됩니다. 물질의 풍요로움 속에서 정신의 성장을 이루지 못하자 로마는 하루 아침에 망했습니다. 로마는 부강했고 군대도 강했고 예술을 꽃피웠지만 귀족들은 미식을 탐한 나머지 먹고 토하고 먹고 토하곤 했습니다. 이렇게 말초 신경만 충족시키다 보면 인간의 주인이 되는 신성이 분노하기 시작합니다.

우리 나라는 건강면에서 걱정이 됩니다. 이제 우리 나라는 물질의 문화에서 정신적 풍요를 찾는 문화로 빨리 넘어가야 합니다. 이 시기를 놓치면 큰일입니다. 아주 비만해지기 전에 운동을 하여 조절을 해야 됩니다. 일단 살이 찌고 나면 빼기가 엄청나게 어렵듯이, 한번 우리가 물질적으로 타락하고 나면 어떠한 철학과 사상으로도 구제하기가 힘듭니다. 단전호흡을 시작하기 전에 우선 위에서 설명한 원리를 나름대로 확실히 정립해야 합니다.

생명의 원리에서 벗어난 것이 죄악입니다. 6·25 때 일어난 일입니다. 한 어머니가 어린 아들을 데리고 피난길을 떠났습니다. 며칠을 굶어서 배가 고파 죽을 지경인데 때마침 고구마밭을 발견했습니다. 그러나 어머니는 지극히 도덕심이 강했습니다. 그래서 고구마밭 주인을 찾아 허락을 받고 고구마를 캐먹으려고 했지만, 난리통에 피난간 주인의 행방을 알 수 없었습니다. 여기서 우리는 두 가지 경우를 생각해 볼 수 있습니다. 하나는 아이 어머니가 도덕심만 내세워 결국 고구마를 캐먹지 못한 아이가 기진해서 굶어죽는 경우입니다. 다른 하나는 어머니가 융통성을 발휘하여 후일 형편을 보아서 밭 주인에게 보상을 해 주기로 하고 우선 목숨부터 살리고 보자고 고구마를 캐먹는 경우입니다. 전자는 살인한 것이 되고 후자는 도둑질한 것이 됩니다. 어느 쪽이 더 현명한 것이었을까요? 후자의 경우에는 생명을 중요시하는 대원리가 있습니다. 이 생명의 원리에서 벗어날 때가 문제입니다. 건강해지기 위해서 먹는 것은 아름답습니다. 그러나 너무 많이 먹는 것, 토해 가면서 먹는 것은 똑같이 먹는 것이지만 추한 것입니다.

현대 사회의 병폐는 건강한 상식이 자리잡지 못하고 있는 것입니다. 건강한 상식이 자리잡지 못하게 된 것은 여러 가지 관념, 원리, 철학, 신앙, 종교 등의 영향 때문입니다. 이것이 극선이 될 수도 있는가 하면 극악이 될 수도 있습니다. 건전한 상식이 뿌리를 내려야만 이 사회는 건전해질 수 있습니다.

어떠한 계명도 시대의 필요에서 나온 것이지 완전한 것은 없습니다. 건강한 상식을 갖추기 위해서는 사색하고 수도해야 합니다. 이론보다 앞선 것이 상식이고, 상식보다 더 절실한 것이 현실과 부딪쳐 봐서 모두에게 이익이 되느냐 되지 않느냐로 판단할 수 있습니다. 최소한도 18세 이상의 성인이라면 건강의 원리, 즉 개인 건강의 원리, 가정 건강의 원리, 사회 건강의 원리, 국가 건강의 원리, 인류 건강의 원리를 정립해야 합니다. 그것이 상식입니다.

우리는 소유욕에 대한 욕구, 양심에 대한 욕구 두 가지를 다 만족시켜야 합니다. 양심은 바로 신성입니다. 그것은 본성입니다. 이것을 만족시킬 때만이 인간은 완전한 행복과 만족을 얻을 수가 있습니다. 저에게도 신성이 있고 여러분에게도 신성이 있습니다. 그리고 천지기운은 어디서부터 나오느냐 하면 그것은 신성에서 나오는 것입니다. 인간은 인간의 신성이 있고 우주는 우주의 신성이 있습니다. 인간은 우주의 신성에서 나온 하나의 에너지 덩어리인 것입니다. 그 신성은 항상 우주의 신성과 만나기를 간절히 원합니다. 이 수련을 통해서 우주의 신성과 여러분의 신성이 만나는 순간을 깨달음이라 하고 구원, 성통이라고 합니다.

인간은 누구나 가치 있는 대상을 찾아 헤맵니다. 어린애는 엄마를 찾아 헤매고, 성장하면 여자는 남자를 찾아 헤매고, 그리고 성장이 끝나면 완전하고 절대적인 세계를 찾아 헤맵니다. 그것을 하느님이라고 할 수도 있고, 우주의 법칙이라고도 할 수 있고, 생명의 실상이라고도 할 수 있습니다. 그것을 향해서 인간은 나아가는 것입니다.

그리고 신성과 완전히 하나가 되는 순간 우리는 육체의 옷을 벗고 완전히 신성으로 돌아가는 것입니다. 이 신성으로 돌아가는 법이 바로 신선도입니다. 단학은 바로 신선도를 현대화한 것입니다. 우리의 목적은 우리의 신성이 성장해서 우주의 신성과 하나가 되는 것입니다. 바로 이 때를 인간의 완성이라고 합니다.

그러기 위해서 우리는 도덕적인 생활을 하지 않으면 안 됩니다. 도덕이 밥 먹여 주는 것은 아닙니다. 그러나 우리의 신성을 키워 주는 것은 도덕입니다. 소유욕은 물질을 먹고 성장하지만 우리의 신성은 양심의 밥을 먹고 도덕을 통해서 성장합니다.

여러분은 신성을 느껴본 일이 있습니까? 우리는 언어를 배워야만 상대방의 말을 알아들을 수 있듯이 신성의 눈이 열리고 신성의 귀가 열려야만 우주의 실상을 볼 수 있고 우주의 소리를 들을 수 있습니다. 단학 수련은 정을 충만하게 하고 기를 장하게 하여 신을 밝게 함으로써 이 우주의 생명의 근원인 신성과 만나게 해 줍니다.

우주의 신성과 만난 사람은 참다운 사랑을 할 수 있고 참다운 덕을 베풀 수 있습니다. 이 신성과 만나지 못한 사랑은 고작 동물적인 사랑이나 혹은 명예나 사리사욕을 위한 책략적인 사랑이나 구원은 할 수 있을지 모르지만, 완전한 사랑과 구원에 이르지는 못할 것입니다.

천화 9진법

단학 수련의 전 과정을 소개하겠습니다. 단학 수련의 최종 목적인 성통공완은 천화를 뜻합니다. 천화하는 과정을 하나하나 설명함으로써 여러분들이 지금 어느 위치에 와 있는지를 점검할 수 있는 기준을 정해 드리겠습니다.

그 동안 저는 많은 사람들에게 단학을 알려 왔지만 원래 모습의 아주 조금밖에 공개하지 않았습니다. 이제까지는 거의 기적氣的인 차원에서만 말씀드렸습니다. 단학을 공부하다 보면 단학은 종교의 뿌리이고, 의학의 뿌리이고, 문화의 뿌리인 것을 알게 됩니다. 단학 수련을 하다 보면 자연히 나오게 되는 단무丹舞를 통해서 무용의 기원을 알게 되며, 수련을 하다가 입이 흥얼흥얼해지는 것을 통해서 창의 시작을 알게 됩니다. 창과 무용은 하나의 현묘지도요, 기적 현상을 통해서 일어나는 상태의 표현에 불과합니다.

단학에서는 정충기장신명精充氣壯神明을 강조합니다. 즉, 정이 충만해야 하고, 기가 장해야 하며, 신이 밝아져야 한다는 것을 뜻합니다. 정을 키우는 밭은 하단전이고, 기를 키우는 밭은 중단전이며, 신을 키우는 밭은 상단전입니다. 처음 하단전에 정이라는 씨를 뿌려서 이것을 충만하게 키우고 나서, 중단전에서 기를 더욱 장하게 발육시키고, 이것이 이루어졌을 때 상단전에 신을 심어서 신을 밝게 하는 것이 단학 수련입니다. 그러므로 단학은 밑에서부터 차근차근 단계를 밟아 올라가는 공부입니다.

저는 이 공부를 천화 9진법의 정수라고 표현합니다. 공부에는 최종 목표와 설계도가 필요한데, 단학의 최종 목표는 천화입니다. 설계도에는 아홉 단계의 과정이 있습니다. 제일 처음 단계는 초지初知이고, 다음이 입지立知이며, 정지正知, 명지明知, 영지靈知, 무사지無思知, 대명지大明知, 대령지大領知의 단계를 거쳐 천화佚化되는 것이 제일 마지막 단계입니다.

단학을 수련하기 위해서는 제일 처음 초지의 과정을 거쳐야 합니다. 초지란 물질 세계의 무상함을 뼈저리게 느끼고 구도심求道心이 시작되는 것을 말합니다. 인간에게는 신성神性이 있기 때문에 의식주의 해결만으로는 만족을 못 합니다. 인간에게는 혼이 있는데, 혼이 성장하면 신神이 되고, 성장하지 못하고 중간에 탈락하면 귀신鬼神이 됩니다. 혼이 정신 세계의 핵심이 됩니다. 마음으로는 설명이 안 됩니다.

그러면 정신 세계를 가기 위해서는 물질 세계에서 정신 세계로 가기 위한 방황과 그 세계를 추구하는 구도심이 싹터야 합니다. 참다운 구도심은 저절로 생기는 것이 아니라 물질에 대한 무상함과 허망함의 강을 건널 때 비로소 생기는 것입니다. 그것을 넘어서지 않고서는, 또한 의식주의 문제가 기본적으로 해결되지 않고서는 견성見性할 수 없습니다. 의식주가 해결되지 않았는데 도를 닦으려고 하는 사람들은 대개 현실을 도피하려고 산에 들어가는 사람들입니다.

뒤늦게 초지의 단계에 들어서는 사람도 있습니다. 예를 들어 효봉선사와 같은 사람은 판사였는데 어느 날 아무 죄가 없는 사람을 잘못 판단해서 사형을 언도했습니다. 그런데 그가 죽고 나서 범인이 잡혔습니다. 양심 없는 사람 같으면 그럴 수도 있다고 하겠지만 그분의 양심은 단 하루도 법복을 입고 있을 수가 없었습니다. 처자가 있었는데 고민하다가 뒤늦게 불문에 들어 훌륭한 선사가 되었습니다. 이 단계를 잘 거친 사람은 반드시 입지가 됩니다.

입지는 무엇이냐 하면, 방황을 끝내고 나서 내가 가야할 길이 이것이구나 하고 결정해서 불도佛道에 귀의합니다, 선도仙道에 귀의합니다, 단학에 귀의합니다 하고 뜻을 정하는 것입니다. 그런데 요즈음 현대판 국선도, 현대판 단학은 아무나 받아들입니다. 그리고 건강을 찾고, 정력 좋아지는 선에서 머물러 있습니다. 그러나 진정한 수도修道를 하려면 그런 마음으로는 안 됩니다. 단순히 기氣만 알다가 갑니다. 그런데 마음 자세를 어떻게 가져야 하는가 얘기하면 왔다가 모두 가버립니다.

110

그래서 진짜 하고 싶은 말을 할 수 없었던 저의 심정을 알아주시기 바랍니다.

단학의 평생회원들도 마찬가지입니다. 저는 평생회원들을 등록시켜 놓고 내버려 둡니다. 그리고 관찰합니다. 정말 이들 중에 꺼지지 않는 불이 있느냐 하고 보면 극소수에 불과합니다. 가슴 속에 타고 있는, 꺼지지 않는 불이 결국 커서는 본성광명本性光明할 수 있는 것입니다. 그 불이 없는 사람들은 사랑해 주고 정성들여 주고 끌어 주어야만 따라오다가 결국은 중도 포기하고 맙니다. 입지라는 것은 이 세상 끝까지 변하지 않는 것을 말합니다. 오늘 세운 것이 내일 변한다면 그것은 입지가 아닙니다.

입지가 되면 그 때부터 스승이 귀한 것을 알게 됩니다. 어떻게 보면, 결혼해서 남편을 섬기고 살 듯이 평생 흔들리지 않는 스승과 제자와의 관계가 성립됩니다. 요즈음 세상에서는 바른 사람 만나기가 산삼 구하기보다 힘듭니다. 사람은 많은데 바른 사람은 참으로 귀합니다. 그래서 평생회원 선서를 시켜 놓고, 두고 보는 것입니다. 천화 9진법은 입지가 확실히 된 사람에게만 전수할 수밖에 없습니다.

오늘날 수많은 선도 단체가 있지만, 천화를 모르고 천화를 말하지 않으면 그 선도는 맥이 끊어진 것입니다. 왜냐 하면 우리의 상고사인 한단고기는 전부 천화의 역사인데 그 맥을 잇지 못하고 있기 때문입니다. 역대 단군이 언제 태어나시고, 어떻게 수도하시고, 어떻게 세상을 다스리시고, 어떻게 천화하셨느냐 하는 역사입니다.

〈한단고기〉 이후의 역사는 권력 투쟁의 역사입니다. 한단고기의 단군세기 마지막 부분에 단군 조선 47대 고열가 황제의 유언이 있습니다. "내가 수차에 걸쳐서 천명을 전하고 천법을 전하나, 사람들이 세상일에 눈이 어둡고 욕심에 빠져서 내 법을 행하지 않는구나. 아, 통재라, 슬프도다! 이제 내가 폐관을 하고 입산하여 수도하리라" 하시면서 천화하셨습니다. 그 다음부터는 맥이 끊어졌습니다. 그 때 제자들 몇 명이 남아 통곡하였으나 원맥은 끊어졌고 수련하는 방법만 조금씩 남아서 내려온 것입니다.

그 때 스승을 따라 같이 갔던 수제자들은 모두 천화하였고 나머지 남아 있던 하근기의 제자들은 스승을 그리다가, 물질 세계에 빠져도 보고, 다시 산을 그리워하면서 수도하기도 했으나 정맥을 잇지는 못했습니다.

수련도 좀 하고, 어느 정도만 수련하면 이인異人 소리를 들으니까 여러 가지 기적을 행한다고 혹세무민도 하고, 왔다갔다 하다가 그것이 과장되어 '산 속에 무슨 도사가 있다더라' 하는 소문이 세간에 많이 퍼지고 하면서 내려온 것이 지금까지의 선도 역사입니다.

이렇게 해서 수행법의 정도正道는 전해지지 못하고 건강 수련 정도로 전해져 온 것입니다. 그것도 신선의 도道가 아닌 신선의 술術로 변화되어서 불로장생, 방중술, 정력이 좋아지는 방법을 개발하는 쪽으로 발전해 왔던 것입니다. 신선도는 일명 신불교神佛教라고도 합니다. 신을 밝히는 교라는 뜻입니다.

대종교에서 나온 책 중에 180세인 스승과 130세인 제자가 대화하는 대목이 나옵니다. 스승이 제자에게 "신불 시대가 가고, 가불 시대가 온다"고 하니 제자가 스승에게 "신불은 무엇이고, 가불은 무엇입니까?" 하고 묻습니다. 그러자 스승이 "신불은 신이 밝은 사람이고, 가불은 돌로 만든 부처이다. 그런데 앞으로 신불은 보기 어렵고 가불이 득세하리라. 그리고 가불 앞에 많은 사람들이 절을 하리라"고 대답합니다. "그러면 언제 다시 신불이 옵니까?" 하니 "2000년 후에나 오리라" 합니다.

지금이 바로 그 시대입니다. 그로부터 혼란 속에서 신앙 시대가 열렸습니다. 단군 시대는 신앙 시대가 아니었습니다. 신이 되는 시대였습니다. 신선도라는 것은 신이 되는 공부입니다. 인간의 목표는 신이 되는 것입니다. 요즈음은 신이 아니라 성인이 되는 것도 아예 포기하고 맙니다.

어두운 암흑 시대에 성인들이 몇 명 나타나서 빛을 조그맣게 반딧불처럼 비춰 주고 갔습니다. 아, 신은 이런 것이구나, 하느님은 이런 분이구나, 성인은 이런 분이구나, 본성은 이런 것이구나, 진리는 이런 것이구나 하는 것을 보여 주면서 그것을 추앙이라도 하도록 만들어 준 것입니다. 4대 성인의 공은 그런 정도입니다. 인간을 성인으로 만들어 주지는 못하고, 인간은 이러한 세계를 추구하고, 이러한 세계를 받들어야 하느니라 하는 정도를 알려 주고 간 것입니다. 그래서 신앙의 역사가 이어져 왔습니다. 사람들이 타락하고, 잊어버릴 것 같으니까 신앙의 대상을 돌로도 만들고, 금으로도 만들고 한 것입니다.

그 다음 정지 단계는 행동이 바르게 되고, 수행 공부, 살림살이 공부, 공적 생활의 3대 공부를 할 수 있는 단계로 열심히 수행하여야 도달할 수 있습니다. 수행은 밥 먹듯이 하라고 했습니다. 밥은 굶을망정 수행을 잊어버리면 안 됩니다. 그 다음 현실 생활에도 잘 적응해야 합니다. 노자의 사상과 불교의 사상은 다릅니다. 선도가 생활화되었을 당시에는 신선촌이 있었고 천손들이 사는 세상이었기 때문에 생활을 통해서 도를 구하고 도를 실천했습니다. 불교는 머리 깎고 산에 들어갑니다. 모두가 다 그러다가는 인류는 멸종하고 말겠지요? 그런데 생활하면서 이 길을 걷기는 굉장히 어렵습니다. 생활하면서 한다는 것은 좋아서 하는 것을 뜻합니다. 이 공부는 생활하면서 하는 것이라니까 쉽게 생각하는 사람들이 있으나 더 큰 각오를 가져야 되는 것입니다. 아예 세상일을 다 떠나서 안 보고 수련하면 훨씬 수월하나 그래도 견성하기가 어렵습니다. 그런데 그 길은 정법이 아닙니다. 첫째 수련을 열심히 하고, 생활을 위한 공부도 열심히 해야 하며 도덕을 행하는 공적인 사업도 수행해야 합니다. 의식주를 남에게 신세져 가면서 신이 되겠다고 하면 안 되는 것입니다. 그래서 열심히 일해야 합니다.

산 속의 절에 앉아서 법이나 전해 주고 밑에 있는 신도들이 가져오는 것만 먹고 사는 것은 죽어서 소가 되려고 그러는 것입니다. 원래 불교의 훌륭한 선승들은, 만봉 스님을 비롯하여 굉장히 많은 노동을 하였습니다. 자기가 먹을 것은 본인이 스스로 곡괭이로 땅을 파서 농사

지어 먹었습니다.

요즘처럼 가만히 앉아서 살만 찌고, 몸뚱이를 안 움직이고서야 어디 도가 통하겠습니까? 그래서 첫째는 수행 공부를 밥 먹듯이 해야겠습니다. 하루도 빠져서는 안 됩니다. 둘째는 생활 공부도 열심히, 부지런히 해서 넉넉해져야겠습니다. 왜 넉넉해야 하느냐 하면 공적 생활을 하기 위해서입니다. 셋째는 공적 생활을 통해서 음덕을 쌓아야 합니다. 공적 생활을 하되 왼손이 하는 일을 오른손이 모르게 해야 합니다. 이것은 명예심까지도 없어지는 상태로 바로 정지의 완성 단계가 됩니다.

수행만 해서는 안 됩니다. 산에 들어가 앉아서 수행만 하는 것은 안 됩니다. 왜냐 하면 수행이라는 것은 집을 지을 때의 설계도와 똑같기 때문입니다. 설계도를 아무리 잘 보아도 망치질을 하지 않으면 집을 지을 수 없습니다. 생활 속의 공부를 통해서 우리에게 붙은 여러 가지 업이 나가고, 부서져서 새로운 습관이 붙게 되는 것입니다.

그 동안의 살림살이를 통해 생긴 나쁜 습관을, 수행을 통한 생활 공부를 함으로써 좋은 습관으로 바꾸고 실적이 쌓임으로 해서 좋은 업이 생기는 것입니다. 또한 이것이 공적 생활로 이어질 때 수행 공부, 살림 공부, 공적 생활의 삼위일체가 되어 비로소 진정한 수도가 이루어지는 것입니다.

이 세 가지 공부를 하겠다고 굳게 결심한 사람들은 정지正知 공부를 하는 것입니다. 그렇게 마음은 먹었는데 안 된다면 그것은 입지도 안 되었기 때문입니다. 한번 결심하면 영원히 흔들리지 않아야 합니다.

여러분들은 바로 정지에 들어가려고 하지 말고 초지부터 서서히 시작해야 합니다. 나는 진정으로 도를 구하는가, 물질 세계에 대해서 무상함을 느끼고 있는가 하는 질문에 대해 확고한 대답을 할 수 있을 때 입지가 흔들리지 않는 것입니다. 초지 단계에서 구도심을 확실히 세우고, 입지를 세워서, 정지 단계에 들어갈 때 불퇴전의 공부가 됩니다. 뒤로 밀리지 않습니다. 그것이 안 되면 들쑥날쑥해서 도저히 명지明知 단계에 들어갈 수 없습니다.

그렇게 해서 완전히 정지 공부가 가능할 때 명지(신명)단계에 들어가게 됩니다. 이 단계에 들어가는 것을 불교에서는 초견성이라고 합니다. 그 정도가 되면 언행 일치가 됩니다. 그런데 산 속에 들어가서 수련만 해도 이 단계에 살짝 들어갈 수 있습니다.

산 속에서 수련할 때는 생사가 없고 오욕칠정이 다 끝난 줄 알았는데 세상 속에서 살면서 어울리다 보면 거꾸러지고 맙니다. 그것은 살림살이 공부를 안 해보아서 그런 것입니다. 혼자서 백보드에 테니스 치는 것과 선수하고 치는 것과는 다릅니다. 가만히 있을 때와 생활할 때와는 같을 수 없습니다.

그래서 불교에서 산 속에 들어가 하는 견성 공부라는 것은 그림을 한번 보고 나온 것에 불과합니다. 다시 생활 속에서 살림살이 공부, 공적 생활 공부를 완벽하게 하게 될 때 견성이라고 합니다.

깨달은 사람은 언행일치가 됩니다. 깨달은 줄 알았는데 행동이 따르

116

지 못하는 것은 말로 하는 공부에 불과합니다. 예를 들어 작가가 쓴 글을 보면 그 작가가 하느님의 말씀도 하고 있고, 성인의 말씀도 하고 있다고 해서 그 사람을 깨달은 사람이라고 할 수는 없는 것과 마찬가지입니다. 깨달음을 글로 썼다고 해서, 그런 기분을 가졌다고 해서, 견성했다고 할 수는 없습니다.

그러나 부처님의 일생은 깨달은 자의 모범적인 모습을 보여 줍니다. 철저하게 물질 세계의 무상을 느꼈습니다. 왕의 자리가 보장되었고, 예쁜 아내가 있었고, 자식도 있었으나 무상함을 느꼈습니다. 그 고민이 얼마나 심했으면 출가하였겠습니까? 초지는 그런 것입니다. 방황하고 헤매면서 굶는 연습도 해 보고, 가시나무 속에도 들어가 보았으나 그것이 깨달음과는 거리가 멀어 설산에서 방황했던 것입니다. 그러다가 입지에 들어갔습니다. 스승이 없으니 내 스스로 깨달아야 되겠다하고 수도하기 시작했습니다. 내 혼을 내가 키워야지 누가 키워줄까하며 스스로 혼을 키워야겠다고 생각했습니다.

그런데 내 몸을 이렇게 혹사하다가는 내가 죽겠고, 내가 죽고 나면 깨달음도 없지 않겠느냐 해서 지나가던 목동의 우유를 한 잔 마셨습니다. 굶다가 먹으니까 얼마나 생기가 나겠습니까? 좌선도 할 만하구나하면서 보리수 나무 밑에 기대어 하늘을 보니까 샛별이 반짝반짝하는데 그 샛별의 에너지를 탁 받아서 무심의 상태, 편안한 상태에서 자신의 혼이 확 커진 것입니다. 그리고 나서 '천상천하 유아독존' 이라고 하였습니다. 에너지 작용에 의해서 된 것입니다.

부처를 가르쳤던 스승들은 모두 요가를 하는 분들이었는데 각고 끝에 스스로 열반에 든 것입니다. 그런데 깨달음을 얻고 나서 나만 이 법을 알고 죽을 수 없다는 큰 자비심을 일으켰습니다. 불경에서는 자세히 설명하지는 않았지만 그 때 명지, 영지, 무사지, 대명지의 단계를 밟은 것입니다.

큰 본성의 진리의 빛을 세상에 전하고자 하는 대자비심이 생겼습니다. 대자비심이란 대자연의 본성의 기운이 전류가 되어 몸으로 들어온 것입니다. 원래 열반은 대명지를 거쳐 천화하는 것입니다. 그런데 불교에서는 견성, 열반이 왔다갔다 합니다.

천화는 육체를 가지고는 불가능합니다. 육체를 떠나야만이 천화할 수 있습니다. 이 공부는 깨달음이 바로 행동으로 나타나야 하는 것을 의미합니다. 생활하지 않고, 살림살이하지 않고 앉아서 깨달은 것은 한번 본 것에 지나지 않습니다. 느낌이기 때문에 설명은 잘 합니다. 실제로 하는 것과는 다릅니다. 살림은 무엇이냐 하면 실제로 살아가는 것의 연속입니다. 초지 단계의 살림 방법이 있고, 입지는 입지대로, 정지는 정지대로, 명지는 명지대로의 살림하는 방법이 있습니다.

명지 단계에서는 보기만 하고, 견성만 하는 것이 아니고 실제 도력이 나타나는 단계입니다. 그래서 같은 큰스님들도 도력에서는 차이가 많이 나는 법입니다. 명지 단계에 있는 분들은 말이나 글에서는 별 차이가 없습니다. 다 설명하고 다 표현합니다. 그러나 도력에서는 상당한 차이가 있습니다. 곧 능력의 차이가 생기는 것입니다. 이 단계에서 주위 사람들을 많이 놀라게 하고 많은 사람들이 모여듭니다. 기적이 일어납니다.

그러나 거기에서 영지를 거쳐 무사지에 들어서면 전혀 표시가 나지 않습니다. 그 단계에서는 도력도 감춰지고 자신의 위치가 명지니, 영지니 하는 생각도 없어집니다. 명지에서는 섬광이 비치고 누가 보아도 도인같이 보이는데 무사지 단계에서는 귀신도 알아보지 못합니다. 그 단계에서는 대명지로 가지 않고 천화되는 경우도 있습니다. 개인 공부는 이 단계에서 다 끝난 것입니다.

그리고 무사지에 들어가야만 타락이 없어집니다. 영지의 단계에서도 타락합니다. 그래서 그 때까지 계속 긴장하면서 가야 하는 것입니다. 그 곳을 넘어섰을 때 대광명이 비치고, 대자비의 힘으로 대명지가 될 수 있습니다. 천지를 보고 천시를 보므로 들어오고 나갈 때를 알게 됩니다. 그 때 이 세상에 나올 때가 아니면 그냥 천화하고 맙니다.

무사지의 단계부터 천화가 가능합니다. 그것이 재미있습니다. 명지에서는 도력을 보여 주지만 천화의 길은 모릅니다. 무사지의 단계에서 익고 익었을 때 천화의 법을 만날 수 있는 인연을 만나는 것입니다. 그 때 가서 천화를 거부하고 다시 세상으로 돌아와서 대명지 단계에 이른 사람은 기적을 일으키지 않습니다. 순수한 법으로써 세상을 깨워 주려고 합니다.

그 법은 도력으로써 받는 것이 아닙니다. 보여 주는 것으로 끝나는 것입니다. 정말로 중요한 것은 혼의 성장에 있습니다. 그래서 대명지 단계에서는 타인의 영혼을 키우는 작업을 합니다. 그 사람 이 세인들을 볼 때는 혼밖에는 보이지 않습니다. 기를 수가 있는 혼이냐 기르기 어려운 혼이냐 하는 것입니다. 그 사람은 타인들의 혼을 하나하나 길러 줍니다. 그래서 어떠한 마음 자세로 공부하느냐가 중요한 것이지 기 수련을 아무리 잘 하고, 또 12경락을 돌렸다고 해서 큰 의미가 있는 것이 아닙니다.

마음 공부는 초지, 명지에 관계 없이 가능합니다. 기 수련도 누구에 게나 가능합니다. 그러나 마음을 갈고 닦지 않고서는 아무리 기 공부가 잘 되고 도력이 나타난다 해도 귀신으로 끝나지, 혼이 바뀌지는 않습니다.

그래서 명지부터가 대단히 중요합니다. 그리고 삼합진공三合眞空 수련은 이 단계에 이르지 않으면 전수할 수 없는 것입니다.

가만히 보면 성경의 창세기와 똑같습니다. 선악과를 따먹지 말라고 하니까, 뱀이 하느님같이 될 테니까 그러는 거라고 이브를 유혹합니다. 이 공부는 신에 대한 확신이 없으면 불가능한 것입니 다. 마음 없이 해보았자 기적 수련으로 끝나는 것입니다. 그 동안 저는 마음에 대해서는 말하지 않았습니다. 말하기 싫어서 안 한 것이 아니라 마음을 말하면 모두 도망가 버리니까 못한 것이지요.

저는 스스로가 이러한 과정을 철저히 밟은 사람입니다. 초지 단계를 국민학교 2학년 때부터 시작해서 결혼해서 아이가 둘이 있을 때까지 방황했습니다. 그 과정에서 기적 체험을 했고, 내부 의식 세계의 소리를 들었습니다. 그러나 결정적으로 중학교 2학년 때 괜히 안 간다는 친구를 저수지에 데려가 수영하다가 그 친구가 빠져 죽는 통에 그의 아버지에게 죽도록 매를 맞았습니다. 그 때 옆에서 안 말렸으면 맞아 죽었을 것입니다. 그 때부터 더욱 뼈저리게 생사가 무엇이냐 하는 것이 화두가 되어 이마에 붙어서 떨어지지 않으니 책이 눈에 들어올 리가 없었지요. 저의 아버님은 교육자이시니까 더욱 답답해하셨습니다. 어머니가 하숙비를 더 대주시면서 일등하는 아이와 같은 방에서 하숙을 시키셨습니다. 그런데 그 아이들이 나와 석 달만 같이 있으면 염세주의자가 되는 것입니다. 그래서 절대 나하고 같이 있으면 안 된다는 소문이 났습니다. 그러니까 하루는 아버님께서 "개똥철학이나 풀지 말고 정상인부터 되라"고 타이르셨습니다. 그 당시 운동을 안 했으면 저는 죽었을 것입니다. 오로지 운동에만 매달려 고등학교 3학년 때 태권도 공인 3단을 땄습니다. 그런데 제가 도장에 나가면 아이들이 슬슬 도복을 챙겨가지고 나가려고 했습니다. 겨루기를 안 붙으려고 그런 것입니다.

항상 불안했습니다. 그런데 겨루기를 할 때는 잘못하면 다치니까 정신을 바짝 차려 죽기 아니면 살기로 붙습니다. 가슴 속에 맺힌 응어리가 사정없이 발산되어 상대가 뻗을 때까지 합니다. 그러니 관장이 제발 도장에 나오지 말아달라고 했을 정도입니다. 그 당시 저의 정서는 말이 아니었습니다. 운동으로 버텨온 것입니다. 다리에다 모래주머니를 차고 지칠 때까지 했습니다. 앉아만 있으면 자꾸 물에 빠져 죽은 친구 생각이 나서 견딜 수 없었던 것입니다. 그리고 어떻게 하면 죽을 수가 있을까 하는 생각을 수없이 했습니다. 그러니까 누가 싸움을 걸어오면 결사적으로 덤벼들었습니다.

그러나 그러한 생활 속에서 올바른 사람이 되자고 결심하고 공부를 해서 대학에 다니고, 결혼하고, 직장 생활까지 하게 되니까 친척들이 이제 사람이 되었다고 할 정도로 사회에서 말하는 정상인의 위치에 오르게 되었습니다. 그런데 하루는 출근을 하면서 하늘을 바라보는데 울컥 서러움이 북받치면서 외로워졌습니다. '이렇게 살다가 죽으면 무엇하는가!' 하는 허무한 느낌이 일었습니다. 이렇게 해서 다시 방황하다가 청계천에 가서 '태극권'이라는 책을 구하게 되었습니다. 책을 펴자마자 '선仙을 통해서 깨달음을 얻은 자는 천하 무적이 된다'는 글자가 보이면서 100만 볼트의 전기에 감전된 것 같았습니다. 제가 초등학교 2학년 때 느꼈던 것과 같은 기적 체험을 하게 되었던 것입니다. 그때 맥을 잡은 것입니다. 그 다음 운동을 하면서 옛날에 책에서 말하던 내기內氣라는 것이 이런 것이었구나 하는 것을 확실히 알게 되었습니다. 태권도를 3단까지 하였고, 태권 도장도 운영을 해 보았지만 바로 이것이 맥이구나 하는 것을 그 때 확인했습니다.

그 다음부터는 기운에 끌려서 살게 되었습니다. 하도 그 분위기가 좋아서 걸을 때도 그 분위기를 안 놓치려고 조용히 걸었습니다. 잠을 잘 때도 조심조심하였고 인시(새벽 3시~5시)가 제일 좋다고 해서 4시에 일어나려고 결심하니까 정각 4시면 정확하게 일어나게 되었습니다. 그리고는 자연스럽게 일어나서 산으로 갔습니다. 제가 가는 것이 아니라 기운이 끌고 가는 것이었습니다. 앉아 있으니까 환한 빛이 앞에 있었습니다. 나중에 알고 보니까 저 자신의 인광이었습니다. 앉아 있다 보면 세상에 그렇게 편안한 것이 없었습니다.

친구들과 만나서 술 마시던 것을 딱 끊고, 집에는 매일 12시가 넘어서 들어오다가 일찍 들어오니까 집사람은 좋아했는데 그게 아니었습니다. 남편이 말이 없어지고 아침에 일어나 산에 갔다가 약수만 떠다 놓고 출근하니까 그 때부터 불안했다고 합니다. 그 후 직장이었던 병원을 그만두고 산으로 들어갔습니다. 집안에서는 난리가 났었습니다.

그 후부터는 공부를 쉽게 했습니다. 앉아 있으면 메시지가 내려오는 것이었습니다. '모악산으로 가라!' 해서 모악산으로 갔습니다. 그러니까 눈으로 보이는 것이 아니고, 귀로 듣는 것이 아니고 어떤 기운에 의해 이끌리는 대로 한 것입니다. 산에서도 앉고 싶은 자리가 따로 있고, 그래서 바위에 앉아 있다가 눈을 뜨면 저녁이었습니다. 시간 가는 줄을 모르는 것이었습니다.

초지 단계부터의 긴 방황이 끝나고 공부가 일사천리로 되어 입지, 정지를 거쳐 명지 단계에 들어갔습니다. 옛날에 고민이 많아 안 본 책이 없었고 안 간 곳이 없었는데 성경, 불경 중에서 그 당시 궁금했던 부분들이 앉은 상태에서 쫙쫙 풀려 나가는 것이었습니다. 그러면서 예수의 일생, 부처의 일생을 보게 되었습니다. 그런데 그것이 전부 다 같은 내용이었습니다.

우리가 볼 때 한의 자리이다, 공의 자리이다 하는 자리에 앉게 되면 생사가 없게 되는 것입니다. 사람들에게 가끔 이것은 무엇으로 봅니까 하는 질문을 해 봅니다. 그러면 눈으로 본다고 대답합니다. 맞는 말입니다.

눈으로 보는 것입니다. 또한 손으로 만져 본다고도 합니다. 사랑하는 사람은 보고 싶고 만지고 싶습니다. 그렇다면 눈으로 보고 손으로 느끼는 것입니까? 그렇지 않습니다. 보기 위해서는 대뇌가 있어야 하고, 손까지 전달되는 감각 기능, 신경이 살아야 하고, 눈도 마찬가지입니다. 그리고 정말 중요한 것이 한 가지 있습니다. 마지막 보이는 것은 상입니다. 머리 속의 상입니다. 우리는 상을 가지고 사는 것입니다. 상은 무엇이냐 하면 유상과 무상일 뿐입니다. 상이 있을 때는 생生이고, 상이 꺼질 때는 사死입니다. 텔레비전과 똑같습니다. 휴즈가 나가 버리면 꺼지는 것입니다. 우리는 자가 발전으로 심장이 뛰지만, 심장이 멈추면 가는 것입니다.

상이 꺼지고, 상이 비춰지고 하는 차이입니다. 그런데 우리는 왜 죽음을 무서워하느냐 하면 우리 눈도 썩고, 몸뚱이도 썩고 구더기가 될 것이라고 생각하니까 무서운 것입니다. 그런데 이러한 상의 세계가 굉장히 많습니다. 그것이 의식의 세계입니다.

의식에는 외부 의식이 있고, 내부 의식이 있고, 무의식이 있습니다. 우리의 상이 무의식의 자리에 들어가 보면 어떤 상이 펼쳐지느냐 하면 시간과 공간의 개념을 초월한 과거와 미래로 자유자재로 이동해 갈 수 있는 것입니다. 그런 자리에서는 말로는 설명할 수 없는 현상이 많이 있습니다. 그래서 그 자리를 설명할 때는 보통 있다, 없다 하는 정도로 밖에는 표현할 수 없습니다.

그런데 부처는 이것을 본 것입니다. 그래서 "있는 것은 없는 것이고, 없는 것은 있는 것입니다"라고 말했습니다. 여기에서 말로 공부하는 사람들은 막힙니다. 어떻게 없는 것이 있는 것이고 있는 것이 없는 것이겠습니까? 요즈음에 와서는 과학이 발달해서 그런 말을 이해할 수 있습니다.

자꾸만 자르고 잘라서 분자쯤 되면 보이지 않는 것입니다. 현미경으로 보면서 더 자르면 원자가 되고 그 다음엔 소립자가 됩니다. 그래서 없는 줄 아는데 알고 나면 있습니다. 그리고 있는 것도 알고 나면 없는 것입니다. 그런데 현미경이 없었을 때 부처의 의식 수준은 그것을 간파한 것입니다. 부처뿐 아니고 벌써 그 이전에도 알고 있었던 것입니다. 그런 의식의 차원에서는 사람들이 가지고 있는 이러한 착각을 '에너지 공명 현상'이라고 합니다.

그래서 순간적으로 우주에 있는 여러 에너지를 활용해서 물체화시킬 수 있는 것입니다. 시간과 공간을 초월해서 꽃을 만들 수 있습니다. 만드는 것이 아니고 원래 없는 것이니까 보이게만 해 주는 것입니다.

그런데 무사지에 넘어가면 그런 장난은 안 합니다. 명지 때 그 같은 장난을 해서 사람들을 홀리는 수가 있습니다. 속이는 것입니다. 사람들은 속는 줄도 모르니까. 다른 차원의 이야기인데 없는 것을 자꾸 있다고 하면 사람을 바보로 만드는 수밖에 없습니다.

예를 들면, 남에게 틀림없이 돈을 꾸어 주고 나서 받지 않았는데 세 사람이 합작을 해서 주는 것을 보았다고 우긴다면 어떻게 합니까? 펄쩍펄쩍 뛰다 말아야 합니다. 주었다는데요! 그리고 나서 한참 지나고 보면 진짜 받은 것처럼 생각됩니다. 세 사람이 떼를 쓰는데, 틀림없이 보았다고 하는데, 어떻게 합니까? 그렇게 되면 내가 착각을 하고 있는 것일까? 받았는데 그러는가 하고 생각하게 됩니다.

우리가 느끼고 있는 느낌이라든가, 상이라든가 하는 것은 이와 같이 불완전한 것입니다. 그래서 중요한 것은 상이나 의식이 아니라 우리의 혼입니다. 그러면 혼은 언제부터 성장하는 것입니까? 이것이 대단히 중요한 것입니다. 우리의 혼은 명지 단계에서 비로소 성장하기 시작합니다. 명지 단계에서 성장하기 시작해서 대명지 단계에서 완숙의 경지에 이르는 것입니다. 자신의 공을 기억하지 않고, 집착이 떨어지는 무사지 단계에만 들어가더라도 혼은 천화될 수 있습니다. 그러나 하늘의 소리를 들을 수 있는 영지 단계에 들어가더라도 그 자리에서는 천화하기 어렵습니다.

그래서 불교에서 말하는 견성은 크게 명지에서부터 대명지까지를 섞어서 말하기 때문에 혼란이 오는 것입니다. 이 공부에서는 마음가짐이 잘 안 되기 때문에 혼란이 옵니다. 이 공부에서는 마음가짐이 잘 되지 않으면 모래 위에 집을 짓는 것과 같습니다. 저의 목적은 오로지 천화에 있습니다. 천화를 목적으로 하는 사람들의 모임이 탄생되어야 하겠습니다.

인간 완성은 천화에 있고, 신이 되는 데 있습니다. 그래서 앞으로는 정치도, 종교도, 문화도, 경제도 인간 완성을 위해서 있어야 되겠습니다. 정치가들은 통일이라는 말로 국민을 혹세무민하고 있고, 종교가들은 천당으로, 백화점에서는 현란한 상품으로 인간을 홀리고 있습니다. 인간 완성을 위해서 통일도 필요하고 극락도 있는 것입니다. 건강도 인간 완성을 위해서 필요한 것입니다.

그러면 바로 어른이 할 일이란 인간 완성을 하도록 도와 주는 것입니다. 어렸을 때부터 집에서 가르쳐야 됩니다. 그래서 참부모가 탄생되어야 하는 것입니다. 바깥 교육에만 신경을 쓰다 보니까, 저 자신도 참부모 노릇을 못 했습니다. 그래서 요즈음은 우리 가정의 지원장 노릇을 합니다. 비로소 아버지의 위치를 찾은 것입니다.

교육은 누가 합니까? 참다운 교육은 참다운 사랑을 가져야만이 할 수 있는 것입니다. 지금 우리 사회에는 참부모도 없고 참조부모도 없습니다. 할아버지는 어떻게 해야 참할아버지가 되느냐 하면, 늙을 때 "야, 이렇게 늙는 거야!" 할 수 있어야 하고 죽을 때는 "봐라, 이렇게 죽는 거야!" 할 수 있어야 합니다. 그래야만 노인 문제가 해결되는 것입니다.

그러한 운동을 우리가 벌여야 합니다. 거창한 것 하지 말고 모두 다 인간 완성을 위해 힘써야 되겠습니다. 그래서 삶의 목적이 똑같을 때, 삶의 목적을 확실히 제시해 줄 때, 이 세상의 모든 문제는 해결되리라

봅니다. 목적이 다르니까 문제가 되는 것입니다.

오늘은 어떤 분이 병원에 입원했다고 해서 가 보았습니다. 맥을 짚어 보니까 12경락 중에서 10개가 막혔습니다. 그래서 편안하게 죽는 법을 알려 주고 왔습니다. 원래 자기 목숨은 자기가 자유자재로 할 수 있어야 하는 것입니다. 자동차 열쇠는 마음대로 할 수 있으면서 자기 목숨은 왜 마음대로 못 합니까? 목숨을 중간에 끊는 것은 죄악이다 하는 말은 어리석은 소리입니다. 하근기 같은 자손들에게는 그렇게 얘기해 줘야 하는 것이지만, 천손들은 그렇지가 않습니다. 태어날 때는 마음대로 못 했지만 내 목숨인데 왜 내 마음대로 못 합니까? 살다 보니까 세상에 여러 가지 악의 종자가 많고 병이 많아서 천화하는 데 더 사는 것이 도움이 안 되겠구나 하고 판단되면 그럴 수 있습니다. 수련을 어려서부터 시작해야 하는데 나이 들어 시작해서 신은 밝아졌지만 몸이 말을 안 듣습니다. 고통 속에서 마음이 맑아지지 않으니까 며칠 더 있다 죽으면 뭐 할 거냐 하는 판단이 서면 자기 심장을 멈출 수 있어야 합니다. 사후 세계에 대한 확신이 있는 사람은 가는 겁니다. 확신이 없으면 불안해서 못 갑니다.

예수님 말씀에 제일 큰 죄가 자살하는 것이라고 했는데 하고 생각할 수 있습니다. 그러나 그것은 신명 단계에 이르지 못한 어리석은 사람들에게 한 말입니다. 하나의 부정이라는 것입니다. 그러나 고통 속에서 며칠 더 고생하는 것보다는 편하게 자기의 결정에 의해서 가는 것입니다.

내 몸이 내가 아니고 내 것인데 내 생명 내가 마음대로 하는 것이 당연합니다. 그것을 자유롭게 할 수 있어야 됩니다. 여러분이 수련하다 보면 그렇게 됩니다. 수련 체험 중에서 확실한 세계를 보니까, 믿다가 보면 깨닫게 되는 것입니다. 깨닫지 못하면 믿음줄을 갖고 올라갈 수 있습니다.

깨달으면 제일 좋고, 내가 보고 가면 제일 좋고, 보고 가지 못하면 믿음이라도 갖고 따라오면 됩니다. 스승이라는 것은 그 때 써먹는 것입니다. 깨닫지 못했을 때 만난 인연, 믿음을 통해서 틀림없이 스승 계신 곳으로 간다는 확신을 가져야 합니다.

부르면 기운줄이 내려와서 편안해집니다. 아주 편안합니다. 실은 혼비백산하는 것처럼 편안한 것은 없습니다. 그 세계를 알면 한시도 현실에서 살고 싶지 않습니다. 그래서 무사지 단계에서 유혹을 끊기가 상당히 어려운 것입니다. 너무나 편안한 세계가 있음을 알게 되고, 나를 끌고 가는 기운이 어디서 왔으며, 시공을 초월했던 스승이 전생에 인연이 되고, 한인께서 한웅께서 이 정성을 들여왔구나 하는 것을 알게 됩니다.

맥이 끊어지면 죽는다고 했습니다. 무엇이 죽습니까? 혼이 죽는 것입니다. 맥을 이어야 합니다. 맥을 이어받고, 정신이 끊어졌던 맥을 타고 가다가 마지막 수련을 통해서 우리 근원의 신명까지 연결이 될 때 기운줄이 쭉 내려오는 것입니다. 우리 공부는 그것을 연결하면 됩니다.

그 과정은 초지, 입지, 정지의 과정을 거쳐야 합니다. 그 동안 우리에게 붙었던 업을 씻어내야 합니다. 앉아서 수도만 해서는 안 됩니다. 공적을 쌓는 생활을 계속하다 보면 할아버지의 신명이 배합됩니다. 순식간에. 그 때까지 그냥 믿고 가야 합니다. 그래서 '맥이 끊어지면 죽는다, 기운줄을 바로 잡으라'고 말씀하시는데 그것이 도덕적인 차원인 줄 알았는데 그것이 아니었습니다. 혼이 죽고 사는 문제가 달려 있습니다.

성경과 불경은 아무리 보아도 영靈만 밝아질 뿐입니다. 영과 혼은 다릅니다. 혼은 그 맥을 연결하지 않으면 살 수 없습니다.

개인의 완성

우리는 이 지구를 타고 여행을 하고 있습니다. 지구 위에 올라앉아 우주 공간을 돌고 있는 것입니다. 그러나 우리의 지각으로는 느낄 수 없습니다. 우주는 움직이지 않는 것 같으나 움직이고 있습니다. 지구가 생기고 인류가 출현하면서부터 문명이 발달하기 시작했습니다. 처음에는 하늘과 땅이 생겨나고 하늘과 땅의 조화에 의해 만물이 자라나고 사람이 태어난 것입니다.

천지부모라는 말이 있지 않습니까? 그 말은 하늘과 땅의 조화를 통해 만물이 생성했음을 알려 줍니다. 그래서 전통적으로 우리는 하늘을 아버지라 하고 땅을 어머니라고 해 왔습니다. 이처럼 하늘과 땅의 조화로써 만물이 생겨났듯이 어머니와 아버지의 조화로써 자녀가 탄생했습니다. 그 자녀가 점차 자라면서 자녀는 자신의 힘으로 생활할 수 있는 능력을 가지게 되고 어머니 아버지로부터 독립하여 이제는 부모님을 돕고 부모님을 봉양하게 되는 것입니다.

여기에서 효의 원리가 나오게 됩니다. 이처럼 하늘과 땅의 조화로써 생겨난 만물 중에서 그 영장이라고 하는 사람은 천지가 길러낸 존재입니다. 하지만 생명체의 세계, 신령스러운 세계, 하늘과 땅과 사람을 보이지 않고 들리지 않는 곳에서 관리하고 있는 어떤 힘의 세계, 다시 말하자면 조화의 세계에서 바라볼 때 현재와 같은 인류 문명의 발전은 상당히 위험스러운 것으로 느껴집니다.

지금 이 지구는 병들고 있습니다. 조화주의 세계에서 볼 때 인간은 지구 위의 암세포와 같은 존재입니다. 암이라는 것은 한 세포가 기존 질서를 무시하고 무한정 성장하여 근본적으로 생명 전체에 해를 끼치는 것을 말합니다. 그 때 그 세포를 암이라고 합니다. 이처럼 인간은 자기의 욕망을 무한정으로 키움으로써 지구의 건강이나 우주의 건강이라는 차원에서 볼 때 건강의 도리를 무한정으로 파괴하고 있는 것입니다.

현재 우리의 시대는 세계사적으로는 자유화의 물결이 일어남으로써 민주주의 시대에 들어섰습니다. 각자 저마다 자기의 인격을 가지고 자기 자신을 책임지는 그러한 시대입니다. 왕권 시대에는 왕의 권력에 의지하는 시대였는데 민주주의 시대에는 각자 스스로에게 의지하여 옛날보다 더 성장된 모습으로 대통령을 뽑고 갈아치우고 있습니다. 하지만 이러한 자유화의 물결로 인해 굉장히 발전했으나 다른 한편으로는 그 발전이 잘못되었을 경우 엄청난 파멸을 가져올 수 있습니다. 이와 같이 민주주의는 권력과 권한을 각자에게 나누어 주는 대신 책임도 큽니다.

자유화의 물결로 인해 자유로운 욕망의 추구가 이루어지고 그 결과 지구촌에는 여러 가지 불건전한 현상들이 만연하게 되었습니다. 그것은 암이라든가 에이즈라든가 핵무기 그리고 화학 무기 등을 통해 나타나는 지구의 위기입니다. 지금과 같이 인간이 더욱더 자기의 욕망에 눈이 어두워서 지구 건강의 도리와 우주의 질서를 해치려 할 때 조화주의 세계에서는 엄청난 역사가 벌어질 것입니다. 그 역사는 벌써 시작되고 있습니다.

그러면 이러한 모든 부정적인 현상이 어떻게 해서 생기게 되었을까요? 그 까닭은 우리가 조화를 잃었기 때문입니다. 이 조화를 찾기 위한 길은 하늘과 땅과 사람이 하나로 통일되는 길입니다. 즉 조화를 이루는 것인데, 그 중심 되는 정신이 바로 천지인 정신인 것입니다. '천지인 정신' 이야말로 위기에 처한 인류를 살리고 파멸의 위기에 처한 지구의 건강과 인간의 도리를 찾을 수 있는 정신입니다. 그 정신만이 인류의 파멸을 막을 수 있는 최고의 원리요 사상입니다.

그러므로 이제 모든 사람들의 의식에 일대 변혁이 이루어져야 합니다. 지금은 삶의 가치관이 파괴된 상태에 있으며 그만큼 모두 다 위기의식을 느끼고 있습니다. 인간은 돈이 있는 사람이나 없는 사람, 지식이 있는 사람이나 없는 사람 모두 방황과 갈등 속에 빠져 있습니다. 그래서 우리 인류는 지금 마지막으로 천 년의 평화를 보장받느냐 아니면 2000년대로 끝날 것이냐 하는 기로에 서 있습니다.

저는 그래서 오래 전부터 앞으로 10년간이 교화 시대라고 말해 왔습니다. 많은 사람들이 의식을 바꿔야 하는데 그럼 무엇으로 바꾸느냐? 그것은 조화주의 마음을 알려 주는 길밖에 없습니다. 그렇습니다. 조화주의 사상을 알리는 길밖에 없는 것입니다.

조화주란 무엇이냐, 우리의 몸으로 말하면 자연 치유력이요, 지구로 말하면 지구 정화 능력이며, 우주로 말하면 우주 조화심입니다. 에이즈는 바로 자연 치유력이 상실되는 병입니다. 사실 우리 눈에 보이지 않아서 그렇지, 우리 주위에는 수억만 마리의 세균이 득실득실합니다. 그래도 우리는 병들지 않고 잘 지냅니다. 그것은 우리의 몸에 자연 치유력이 있기 때문입니다. 그러나 자연 치유력이 상실되면 조그마한 세균의 침입에도 금방 상처를 받고 그것에 저항하지 못하게 되는 것입니다.

우리의 지구는 지금 정화 능력을 많이 상실하고 있습니다. 그래서 조화주께서는 친히 영이 밝은 사람들의 머리에 나타나서 조화주의 마음과 조화주의 사상을 알려 주는 것입니다. 이 지구에 살고 있는 인류에게 경종을 울리고 이 지구가 소생할 길을 제시하는 것입니다.

그러면 어떻게 조화주의 마음을 알려 줄 것인가? 그것은 이론이라든가 경전에 의해서가 아니라 천지기운에 의해서입니다. 그래서 저는 조화의 원리를 알려 줄 사명을 띠고 여러분 앞에 서 있는 것입니다.

우선 우리의 몸을 살펴 봅시다. 몸도 조화를 잃으면 병이 납니다. 우리 몸은 정과 기와 신의 조화로 이루어집니다. 이 조화가 깨어졌을 때 불안이 계속 쌓이면 머리에 두통이 오고 가슴이 계속 뛰고 소화가 안 됩니다. 변비가 생기고 설사가 반복되는 것입니다. 그러면서 신경통이 오고 고혈압이 오고 당뇨병이 오게 됩니다. 이처럼 요즘 우리가 알고 있는 병의 90퍼센트가 거의 심인성 질환입니다. 심인성 질환은 우리 몸의 정기신의 조화가 깨어짐으로써 오는 질병입니다.

조화의 원리란 곧 생명의 원리로서, 조화의 원리가 깨지게 되면 멸 망이고 사망입니다. 이것은 우리의 육체뿐만 아니라 가정도 마찬가지 입니다. 가정의 조화가 깨지면 부부가 갈등을 일으키고, 부모 자식 간에 조화가 깨지면 그 가정은 파괴되는 것입니다. 천지가 조화롭지 못 하면 천둥과 벼락이 치게 되고, 가정에서 어머니와 아버지가 조화를 이루지 못하고 싸우게 되면 자녀들은 숨을 죽이게 됩니다. 그렇게 되 면 아이들은 밖으로만 나돌고 가정으로 돌아오지 않으려고 합니다. 우주도, 인류도 마찬가지입니다. 가정의 조화가 깨지면 그것으로 끝나는 것이 아니고 방황하는 어린 아이들이 사회의 문제아가 될 수밖에 없습 니다. 도둑질을 한다든지 나쁜 범죄에 끼어들게 됩니다.

사회 전체가 불안하고 불안한 기운이 모든 것을 급하게 만들고 초조 하게 만듭니다. 또한 그 불안감이 국경을 넘어 다른 나라로까지 이전 되는 것입니다. 요즘 병원에 있는 대부분의 환자가 그런 까닭에 아픈 것입니다.

옛날에는 영양실조라든가 세균성 질환에 의해서 많이 아팠습니다. 이제는 심인성 질환이 거의 대부분이므로 우리는 심인성 질환의 정확한 원인을 규명해야만 합니다. 사람들은 기분이 좋다 나쁘다 하면서 기분에 의지하는데 그 기를 주관하는 것이 바로 혼입니다. 즉, 혼이 기를 주관하는 것입니다. 그러므로 혼이 병들어서 생긴 병을 심인성 질환이라고 합니다. 그런데 병원에서는 아직 그 원인을 모르고 있습니다. 현대 의학은 혼에 대한 것을 모르고 있습니다. 전문가가 아니면 혼에 대한 것을 정확하게 알 수 없습니다.

우리의 세계는 보이는 부분과 보이지 않는 부분으로 이루어져 있습니다. 그리고 우주도 보이는 것과 보이지 않는 부분으로 이루어져 있는데 하늘은 눈에 보이지 않고 땅은 눈에 보입니다. 우리 의 몸에도 보이지 않는 부분으로 마음과 정신, 그리고 영혼이 있습니다.

우리는 보이는 육체에 대해서는 많은 연구를 했습니다. 어디가 상하면 어떻게 하고 또 뭐를 먹지 말라고 합니다. 그런데 이 몸을 지배하고 조절하는 영혼을 가꾸고 성장시키고 훈련시키는 방법에 대해서는 거의 아무런 연구도 없었습니다.

처음에 인간은 빵 문제를 해결하기 위해서 모든 노력을 동원하고 모든 학문을 이용했습니다. 먹고 사는 문제를 해결하기 위해서 말입니다. 그리고 두번째로는 명예와 권력, 그리고 돈을 위해 살아가고 있습니다. 그러나 이제 세상은 점차로 돈과 명예와 권력에 혐오감을 느끼고 있습니다.

이제 돈 있는 자, 권력 가진 자, 명예 있는 자를 존경하지 않습니다. 또한 본인들도 그러한 분위기를 느낄 것입니다. 우리는 제5공화국의 비리가 밝혀지는 것을 보고 돈과 명예와 권력이 참으로 우리에게 평화와 마음의 안녕을 주느냐 하는 의문을 가지게 되었으며 결코 그렇지 않다는 것을 절실히 느끼게 되었습니다.

저는 지금 우리 나라의 현실을 여간 감사하게 생각하지 않습니다. 제5공화국의 비리 규명 청문회를 통해서 이 사회는 유사 이래 최고의 정신 교육을 받고 있습니다. 그럼으로써 사람들은 인생에 있어서 참으로 중요한 가치가 무엇인가를 고민하게 되었습니다. 참된 가치에 대해서 관심을 가지게 되었습니다. 그것을 알려 줄 때가 되었기 때문에 저는 조화의 원리를 강의하는 것입니다. 우리는 몸의 조화를 이루기 위해서 우리의 보이지 않는 부분인 혼의 문제를 먼저 해결해야 합니다. 그리고 혼을 발전시키는 방법이 있는데 그것이 바로 조화의 원리입니다.

조화의 정신과 천지인의 정신, 그것이 최초로 탄생한 곳이 바로 한국입니다. 위대한 정신의 산실인 우리 나라는 불행하게도 그 정신의 맥을 바로 이어 오지 못했습니다. 여러분도 잘 아시겠지만 우리의 역사는 참으로 불행했습니다. 그 까닭은 우리 자신도 우리의 역사가 4322년이 되었는지 5886년이 되었는지 9186년이 되었는지 잘 모르고 서로 다른 주장을 하듯이 우리 나라의 역사는 외국인들에 의해서 많은 영향을 받고 있기 때문입니다. 이제는 미국 사람들의 정신이 우리의 역사 속에 살고 있습니다. 그래서 우리는 우리의 사상은 잘 모르면서도 외국의 역사, 외국의 사상에 대해서는 훤히 알고 있습니다. 다시 말하자면 우리는 이 민족의 뿌리 사상에 대해서는 잘 알지 못합니다.

사상과 종교는 많습니다. 그러나 그 원리는 하나입니다. 그 원리가 바로 조화의 원리입니다. 우리 민족의 건국 이념인 홍익인간 이화세계의 정신도 바로 조화의 원리에서 나온 것입니다. 더 자세히 말하자면 조화의 원리에서 천지인 정신이 발전했고, 천지인 정신에서 홍익인간 이화세계의 정신이 나온 것입니다.

그 정신이 단군조선 시대까지 이어져 오다가 혼란한 틈을 타 외국의 정신이 들어온 것입니다. 우리는 우리 민족의 정확한 타락사를 모릅니다. 타락의 원인과 그로 인한 결과는 규명되어져야 합니다. 그러므로 역사학자들에게는 책임이 있는 것입니다.

이 나라가 왜 이렇게 되었습니까? 이 나라의 타락의 역사는 밝혀져야 합니다. 원인을 모르기 때문에 치유를 못 하고 있습니다. 이것도 외국 사람들이 해결해 주길 기다리고 있습니다. 삼국 시대의 역사나 고려와 조선 왕조의 역사를 보더라도 전부 배신의 역사였습니다. 그래서 엽전 소리를 들었던 것입니다.

다시 본래로 돌아와서 조화의 원리에서 천지인 정신이 나왔고 천지인 정신에서 홍익인간 이화세계의 정신이 나왔습니다. 홍익인간이란 무엇입니까? 널리 인간을 이롭게 한다는 뜻입니다. 홍익인간은 인간 완성의 기준입니다. 태어나서 자기의 의식주 문제를 해결하기 위해서만 살 것이 아니라 의식주 문제를 해결한 후에는 다른 사람을 이롭게 해야 한다는 것입니다. 그런 사람만이 재세이화 즉 이화세계를 열 수 있습니다.

재세이화, 이화세계란 무엇이냐? 우리 나라의 건국을 잘 살펴 보면, 건국의 대상을 우리 민족에게 한정시킨 것이 아니라 세계에 두었습니다. 그러니 그 때 단군 할아버지 시대의 국토가 얼마나 넓었던가를 알 수 있습니다. 단군 할아버지 시대의 이화의 대상은 아시아였습니다. 그 때의 관심은 어떻게 이 세계를 조화롭고 평화롭게 이치에 맞게 다스리느냐 하는 것이었습니다. 이화세계를 하는 데는 홍익인간의 이념이 필요합니다.

그러면 왜 그렇게 세계에 관심을 두었느냐? 그것은 천지인 정신에 입각했기 때문입니다. 천지인 정신에 의해서 볼 때 세계는 하나입니다. 지구촌은 한가족입니다. 너는 너고 나는 나라는 의식이 아니고 불교적 표현으로는 천지天地는 동근同根입니다. 즉, 천지는 한 뿌리가 되기 때문에 세계에 관심을 갖게 되었습니다. 이것은 기독교에서 말하는, 이웃을 사랑하라는 사상입니다. 우리는 이웃을 사랑하라는 이 기독교의 사상을 굉장히 획기적인 사상으로 알고 있지만 실은 단군 시대의 역사가 이것을 이루려고 애썼던 역사였습니다. 외세의 침략에 의해서 조상의 역사가 신화의 안개에 가려 버렸지만 우리의 조상은 홍익인간 이화세계를 이루기 위해서 애썼고 그 역사가 단군 조선의 역사입니다.

지금 이 나라 이 민족은 그 정신을 다시 찾아 이화세계를 이룰 수 있는 큰 틀을 마련해야 합니다. 만일 우리가 이 정신의 맥을 회복하지 못

할 경우 우리 민족의 앞길은 어두울 뿐입니다.

홍익인간 이화세계의 정신에서 4대 성인의 정신이 나왔으며 민주주의와 공산주의 사상도 나온 것입니다. 모두 홍익인간 이화세계 정신의 열매들이며 나쁘게 표현하면 홍익인간 이화세계 정신의 찌꺼기들입니다. 그러므로 우리 민족에서 태어난 한민족의 정신과 사상을 우리는 다시 찾아서 알려야 합니다.

하지만 이 위대한 사상은 머리 속으로 기억해 봤자 아무 의미가 없습니다. 이 정신은 우리가 깨달아야 하는 정신인 것입니다. 깨닫는 것은 수도를 통해서 가능한 것이지 지식을 통해서 되는 것은 결코 아닙니다. 홍익인간은 인간 완성의 표본이요, 이화세계는 인류 구원의 표본입니다. 이것은 개인 완성과 전체 완성을 의미하는 것입니다.

그럼 오늘은 개인 완성에 대해서만 이야기하겠습니다. 도대체 인간 완성이란 무엇일까요? 원래 오늘 여러분들과 함께 공부하고자 했던 것이 바로 이 인간 완성에 대한 것입니다. 왜냐하면 이것만 확실히 정해지면 삶의 목적이 뚜렷해지기 때문입니다. 인간 완성은 1단계, 2단계, 3단계의 과정이 있으며 이 세 과정을 거쳐서 인간 완성에 이르는 것입니다.

1단계 완성이란 육체의 완성입니다. 육체가 병들어서는 인간 완성이란 있을 수 없는 것입니다. 처음 단학을 보급할 때는 건강을 찾자고 얘기했지 인간 완성과 같은 얘기는 하지 않았습니다.

우선 정상인이 되기 위해서는 건강을 회복해야 된다고 말했습니다.

아무리 모범 운전수라고 해도 앞바퀴가 빠진 차로는 잘 달릴 수 없는 것처럼 몸이 병들어서는 정신의 건강도 유지하기 어렵습니다. 그래서 몸을 건강하게 하기 위해서 의학을 비롯한 많은 학문이 발전했으며, 또한 전체를 먹여 살리기 위해서 경제학이 나온 것입니다. 어떤 회사의 사장 한 사람을 잘 먹이고 잘 살리기 위해서 경제학이 나온 것이 아니라 모두를 잘 먹이고 잘 살리기 위해서 경제학이 나온 것입니다.

인간은 잘먹고 잘살 의무가 있습니다. 개인은 자신의 육체를 먹여 살리기 위해서 근면해야 하며 열심히 일해야 합니다. 그리고 인간으로서의 존엄성을 유지하기 위해 최소한의 복장을 해야 합니다. 대통령이나 스님, 목사 등 이런 사람들의 옷을 홀딱 벗겨 놓고 대중 앞에 세워 보십시오. 대통령 같지도 않고 목사 같지도 않고 스님 같지도 않을 것입니다. 저도 마찬가지일 것입니다. 옷을 홀딱 벗겨 놓고 이렇게 근엄한 이야기를 하게 해 보세요. 우스운 일입니다.

인간은 느낌과 감각의 지배를 받기 때문에 실체보다 껍데기인 옷에 강한 인상을 받게 됩니다. 그래서 옷은 보통 사람들에게 굉장히 중요한 역할을 합니다. 옷장사가 그러니까 잘 되는 것이지요. 모양새도 중요하니까. 먹는 문제와 입는 문제 외에 또 우리가 아무 데나 누워 잔다면 그것 또한 이상한 일입니다. 이래서도 안 되겠지요. 몸뚱이를 잘 재울 수 있는 집이 있어야 합니다. 의식주가 구비되어야 합니다. 의식주, 정기신, 전부 삼합으로 이루어진 것입니다. 이것을 완성이라고 합니다. 의식주를 완성하는 것이 1단계인 육체의 완성입니다. 1단계 완성

후에는 한 걸음 더 나아가 정신적인 세계에 관심을 두게 됩니다.

　두번째 단계는 정신 완성에 있습니다. 그럼 정신 완성을 어디에 두느냐? 홍익인간을 할 수 있는 마음 자리에 두는 것입니다. 자기 이웃을 도우며 살 수 있는 마음을 말합니다.

　그런데 이웃을 도울 수 있으려면 어떤 마음의 상태여야 하겠습니까? 너와 내가 다른 것이 아니고 너와 내가 하나이며 분위기를 알고 분위기를 중요시할 수 있는 마음이어야 합니다. 너와 내가 하나고 네가 기분 나쁘면 내가 기분 나쁘고 네가 어렵게 살면 내가 불안하고 네가 병들면 내가 앓는 그런 상태입니다.

　이처럼 너와 나를 동일시하는 사상, 이 정신이 없으면 홍익인간은 못 하는 것입니다. 기독교에서는 네 이웃을 네 몸과 같이 사랑하라고 가르쳤습니다. 그러나 이것은 가르쳐서 되는 것이 아닙니다. 이웃이나 내 옆의 사람이 같다, 하나다라는 것은 조화 정신에 입각해서 깨달아야 하는 것입니다. 느껴야 하는 것입니다.

　느낌은 기억만으로 되는 것이 아닙니다. 지금 필요한 것은 조화정신을 느낌으로까지 일어나도록 해 줘야 하는 것입니다. 행동하게 해 주려고 그러는 것입니다. 그러므로 정신의 완성은 홍익인간의 정신을 실천하는 것입니다. 이것은 외적으로는 홍익인간, 내적으로는 조화의 원리를 깨닫는 것을 의미합니다.

　조화의 원리란 무엇입니까? 조화의 원리는 조화주의 원리이고 조화는 모든 생명의 근원이며, 불가에서 말하는 공空의 자리, 생명의 자리,

진여眞如의 자리, 부처의 자리를 말합니다. 조화의 자리는 만물을 창조하는 하느님 자리를 말하며 그 자리를 알 때 정신 완성을 했다고 보는 것입니다.

조화의 자리를 알 때 정신 완성이 이루어집니다. 그 조화의 자리를 알기 위해서 인간은 어떤 노력을 해야 할까요? 일단은 정성을 들여 육체를 길러야 하는데 그것은 다름 아닌 영혼을 기르기 위한 것입니다. 영혼이 눈을 떠야만 조화의 자리를 볼 수 있는 것이며, 이것이 2단계 완성입니다.

3단계 완성은 어디에 있을까요? 그것은 조화의 자리를 확실히 보고 깨달아서 홍익인간의 정신을 실현하는 것입니다. 한 예로 테니스 치는 것을 보기만 하고 연습하지 않으면 절대 테니스를 칠 수는 없을 것입니다. 테니스 치는 것을 배우고 나서는 수도 없이 연습해야만 테니스 선수로 인정을 받듯이 조화의 원리를 알고 홍익인간의 정신을 실현했을 때 그 사람을 비로소 완성된 인간으로 보는 것입니다. 그러면 인간 완성이라는 것을 해서 무엇 하겠느냐라고 물을 수 있습니다.

우리의 말 중에는 혼비백산魂飛魄散이라는 말이 있습니다. 혼이 날고 백이 흩어진다는 말입니다. 혼이 날아서 어디로 갑니까? 혼은 자신이 나온 본성의 자리로 돌아가야 하지 않을까요. 앞에 설명한 두 가지의 완성(육체적 완성과 정신적 완성)은 인간의 혼이 완성되어 탄생하기 위한 전제 조건입니다.

이것을 아는 사람은 죽음을 혼의 탄생으로 맞이합니다. 그러나 이것을 모르는 사람은 죽음을 어둡고 쓸쓸하고 두려운 것으로 받아들입니다. 육체의 죽음은 혼의 탄생입니다. 우리는 영혼에 대해서 막연하게 알고 있는데 이 점은 정리가 되어야 합니다. 사람들은 영혼이 뭔지 모릅니다. 또 정신이 뭐냐고 물으면 눈만 깜빡일 뿐 대답을 못 합니다.

그렇지만 이런 용어들은 완성의 측면에서는 꼭 필요한 용어입니다. 오로지 물질이나 육체의 문제에만 관심이 있는 사람에게는 의미가 없는 단어들입니다. 그러나 정말로 인간 완성에 목말라하는 사람들에게는 필수 단어입니다.

확실한 정의가 필요하겠지요. 영과 혼이 같은 것은 아닙니다. 영이 다르고 혼이 다릅니다. 또한 정신이 같은 것이 아닙니다. 정이 다르고 신이 다릅니다. 여러분은 지금 정말 귀중한 강의를 듣고 있습니다. 여러분이 정말 인간 완성에 관심이 있다면 귀를 청소하고 들어야 합니다. 영원히 잊어 버리면 안 됩니다.

혼은 어디에 있느냐? 가슴에 있습니다. 영은 어디에 있느냐? 머리에 있습니다. 영과 혼은 어떻게 다른가? 영은 들락날락거립니다. 우리가 잠들었을 때 영이 몸에서 빠져나갑니다. 혼은 가슴에 있는데 밖으로 뜨면 죽습니다. 혼은 중단전에서 기를 꽉 잡고 있으므로 혼이 뜨면 기가 흩어지는 것입니다. 우리 몸에서 기가 흩어지면 몸은 급속도로 부패하기 시작합니다. 영은 목숨과 관계가 없습니다.

가끔 영계, 신명계라는 말을 들었을 것입니다. 육신이 죽으면 영은 영계로 가고 혼은 신명계로 갑니다. 죽은 사람의 혼을 귀신이라 하고 산 사람의 혼을 정신이라고 합니다. 그래서 '귀신차리라' 고 하지 않고 '정신차리라' 고 합니다. 그 혼이 성장하지 못하면 귀신, 그 혼이 성장하여 신명계에 가면 신선이 되는 것입니다. 이제 우리 나라의 신선 사상이 무엇인지 좀 알 것 같지요. 진정 그 사람이 완성됐나 안 됐나를 알려면 죽음을 봐야 합니다. 사는 과정에서는 많은 실수를 할 수 있습니다. 그러나 그 원리를 아는 사람, 그리고 열심히 노력하는 사람은 승천하게 됩니다.

우리 나라에서는 죽음을 가리키는 대표적인 표현이 있습니다. '뒈진다' 라는 말은 세상에 있으나마나한 사람이 죽었을 때 붙이는 말입니다. 홍익했던 것이 아니고 그 반대의 삶을 살다 간 사람에게 주는 말이지요. 그런데 원래 '뒈진다' 는 말은 욕이 아닙니다. '뒈진다' 는 것은 되어진다는 뜻이니까 자연의 섭리대로 된다는 것입니다. '돌아가시다' 라는 말은 살면서 좀 주워들은 것이 있어 그래도 덕을 좀 쌓고 간 사람에게 '돌아가시다' 라고 말하는 것입니다.

정말로 홍익인간을 실현한 사람은 내부적으로 조화의 원리를 깨우쳤고 외부적으로는 다른 사람들을 도와준 사람입니다. 그런데 내부적으로 조화의 원리를 깨치지는 못했어도 외부적으로 덕을 쌓으면 천당이나 극락 간다는 것을 믿고 홍익한 사람도 있습니다. 이런 사람으로는 신앙인들이 많습니다. 그런 사람의 경우도 돌아가신 것입니다.

조화의 원리를 깨우치고 외적으로 홍익한 사람은 천화佚化합니다. 그러나 천화의 비결을 전수받지 못하면 천화할 수 없습니다. 조화의 원리를 깨우치고 홍익인간을 실현한 사람은 그런 인연을 만나게 됩니다. 그러므로 인간의 완성은 육체의 완성, 정신의 완성, 그리고 궁극의 완성(천화)으로 이루어집니다.

지금 왜 인간들이 이렇게 되는 대로 막 사느냐? 그것은 천화 사상을 믿지 않기 때문입니다. 그리고 천화의 원리를 모르기 때문입니다. 아파트 추첨할 때 보면 인간이 얼마나 이기적인 동물인지 알 수 있습니다. 투자를 해서 얼마의 이익만 생긴다고 하면 물불을 안 가리는 겁니다.

혼의 문제를 알고 영생하는 길을 확실히 알려 준다면 사람들은 정신 없이 영생하고자 할 것입니다. 영혼의 문제가 종교적인 차원에서는 이야기되었지만 학문적인 차원에서는 다루어지지 않았습니다. 제가 바라는 것은 학문으로 정립하여 모든 사람들에게 알리는 것입니다. 그리고 지금 이 강의를 통해서 최초로 공개하는 것입니다.

그러면 저는 어떻게 이것을 알게 되었느냐? 책에서 본 것이 아닙니다. 책에는 이런 내용이 쓰여 있지 않습니다. 이 세상 어느 책에도 없습니다. 지식으로 알 수 있는 차원의 것이 아닙니다. 수련을 열심히 해야만 가능합니다. 그리고 이러한 오묘한 법을 받고 원리를 터득하기 위해 준비해야 합니다. 이 큰 무상의 원리는 돈으로 배우는 것이 아닙니다. 저도 그랬습니다. 제가 그 법을 받기 위해서는 보통 사람이 넘을 수 없는 고행을 겪어야만 했습니다.

이 법을 받으려면 세 가지의 마음 자세를 준비해야 합니다. 이제 그 세 가지의 보물을 알려 드리겠습니다. 첫째로는 조화의 성질 혹은 본성, 둘째로는 조화의 원리, 셋째로는 스승, 이 세 가지를 삼보라고 합니다. 이 세 가지를 참으로 믿고 소중히 여기지 않으면 인간 완성의 자리에 갈 수가 없습니다. 바로 이것은 테니스를 배우는 사람에게 있어서 라켓, 테니스의 원리, 방법을 가르치는 스승 즉, 코치와 같은 것입니다. 본성의 자리로 돌아가려는 사람은 본성을 믿지 않으면 안 됩니다. 또한 그 자리로 돌아가는 것을 인도해 주는 스승을 따르지 않으면 안 됩니다. 학교에서도 스승을 믿고 따르지 않으면 안 되듯이 법의 자리에서는 더 말할 것도 없습니다.

이 공부를 하는 데는 세 가지의 근기가 있습니다. 이제 제 이야기를 듣고 여러분이 어떤 근기에 있는지를 판단해 보십시오. 세 가지 근기에는 상근기上根氣와 중근기中根氣, 하근기下根氣가 있습니다.

상근기는 이야기를 들으면 정사正邪를 바로 분별하고, 거기서 머무는 것이 아니라 더 나아가 사람을 깨닫게 합니다. 그래서 바로 행합니다. 이런 사람은 간절히 찾았기에 익을 만큼 익은 사람입니다. 그리고 상근기는 신심이 대단합니다. 그 믿음이 강철 같아 흔들리지 않으며 그것이 덕과 조화로 일관되어 나타납니다. 또한 매사에 겸손하고 자만심이 없습니다. 법과 원리에 대한 신심이 어떤 상태에서도 변하지 않습니다.

중근기는 아주 재주가 많은데 신심이 없습니다. 하지만 사량심思量心이 무진장하여 뭘 가르쳐 주면 금방 알아 흉내를 잘 냅니다. 너무도 분별심이 넘쳐서 자기가 아는지 모르는지도 모릅니다. 그러면서 끝없이 의심합니다. 분별합니다. 법도 못 믿고 본성도 못 믿고 스승도 못 믿습니다. 세상에서 볼 때는 참 쓸모 있는 사람입니다. 그러나 그런 사람은 신심을 가진 자를 죽이는 역할을 합니다. 자기가 신심을 가지지 못했기 때문입니다.

하근기는 정말로 법이 있는지 원리가 있는지 모릅니다. 하지만 한번 믿으면 우직하게 믿습니다. 아주 신심이 강해서 신심의 힘으로 깨닫습니다.

따라서 누가 이 공부를 가장 하기 쉬울까요? 바로 상근기입니다. 상근기는 바로 깨달으니까요. 그 다음에는 하근기입니다. 신심 하나는 확실하니까요. 그러나 하근기가 잘못해서 중근기로 들어가면 그 사람은 구제 불능입니다. 자기도 파멸하고 남도 파멸시킵니다. 자기 자신도 어쩔 줄 모릅니다. 재주가 많지만 신심이 없습니다. 상근기가 못 되면 하근기가 되는 게 낫습니다.

또한 이 공부에는 두 가지 방법이 있습니다. 자력 공부와 타력 공부입니다. 타력 공부는 본성, 법, 스승을 열심히 믿으면서 흉내를 내는 것입니다. 본성, 법, 스승에 의지해서 흉내를 내다보면 깨달음에 이를 수 있습니다. 자력 공부는 내적으로 탐구하는 것입니다. 꾸준히 수련하면서 본성의 자리와 원리를 안으로 깨치고 겉으로 행동하고 따르는 것입니다.

그러므로 공부에는 자력 공부와 타력 공부가 있는 것입니다. 스승이 가르쳐 주는 것만 믿고 머리를 텅텅 비워도 안 됩니다. 이와 마찬가지로 홍익인간의 모습도 두 가지가 있습니다. 내적으로는 열심히 수련해서 조화의 원리를 깨닫고 외적으로는 부지런히 행해야 합니다.

스승의 임무는 이 두 가지를 점검해 주고 법을 알려 주고 지휘, 감독하는 것입니다. 마지막 본성을 바라보는 것은 자기가 할 일입니다. 그렇습니다. 마지막 본성의 자리로 들어가는 것은 자기가 할 일입니다. 코치는 원리를 가르쳐 주고 잘못하면 꾸짖고 그러는 것입니다. 그러하기에 공부하는 사람은 최고의 가치를 신심信心에 두어야 합니다. 제일 가치 있는 사람은 신심이 있는 사람입니다.

신심은 바로 마음이 본성의 자리에 들어갈 수 있는 뿌리입니다. 조화의 원리에서 천지인 정신이 나왔으며 천지인 정신에서 홍익인간 이화세계의 정신이 나왔습니다. 그것이 바로 우리 나라의 건국 이념임을 잊지 말아야 합니다. 다시 강조하자면 조화의 원리, 한의 원리는 지구촌을 살릴 수 있는 마지막 원리입니다.

또한 천화 사상은 우리 민족 고유의 인간 완성법입니다. 이 법을 전해 주신 한웅천황과 천화하신 단군 할아버지의 후예인 우리는 홍익인간 이화세계를 이 땅 위에 건설해야 할 책임과 의무와 권리가 주어져 있습니다.

전체 완성 – 홍익인간 이화세계

우리의 몸에는 천지기운이 감돌고 있고, 우리의 머리에는 지식만 있는 것이 아니라 지식이 있기 전에, 관념이 있기 전에, 얼이 내려와 있습니다. 우리가 이 세상에 태어나기 전 어머니 뱃속에 있을 때부터 그 얼이 여러 가지의 관념, 지식, 문화에 의해서 양파 껍질처럼 여러 겹으로 싸여 있습니다.

현 사회는 관념의 싸움판입니다. 이제 관념의 껍질을 벗고 본성이 나타남으로써 시비가 끊어지고, 또한 그 얼이 하늘의 얼과 하나 되고 그 심정이 하늘의 심정과 하나 됨으로써 홍익인간을 이루고, 그 홍익인간들이 이상세계를 건설하기 위해서 활동해야 하는 시점에 와 있습니다. 여러분이 입고 있는 도복은 옛날 고구려 때 조의선인皁衣仙人이 입었고, 신시神市 시대에 선인들이 입었던 옷입니다. 수많은 역사가 흘렀으나 하늘의 심정의 변화가 없고 우리의 본성, 우리의 얼 또한 변함이 없습니다. 심정과 얼은 양심으로 표현됩니다. 양심은 밝은 마음입니다.

우리의 건국 이념인 홍익인간 이화세계를 이루기 위해서 우선 홍익인간이 어떤 것인가를 생각해 보고자 합니다. 홍익인간이 되기 위해서는 무엇보다 홍익인간 이화세계를 이루는 데 무해유익한 사람이 되어야 합니다. 무해유익한 것의 기준이 바로 홍익인간이고, 본성광명이 이루어진 사람이고, 천화할 준비가 된 사람이고, 인간 완성이 이루어진 사람입니다.

그런 인간이 되기 위해서는 첫째, 건강해야 합니다. 몸이 아프면 본의 아니게 남에게 폐를 끼치게 되어 유해한 사람이 됩니다. 형제에게, 부모에게 주위 사람에게 폐를 끼치니 절대 건강해야 합니다. 육체의 건강을 위해서 단학 수련을 안 할 수가 없는 것입니다. 건강할 때부터 수련을 해서 아픈 몸으로 세상을 살아가는 일이 없도록 해야 됩니다. 아픈 것이 첫 번째 죄입니다.

두 번째는 양심이 있어야 합니다. 양심이 있는 건강한 육체를 가져야 합니다. 이렇게 되면 기본적으로 결혼을 할 수 있는 자격을 지니게 됩니다. 큰 뜻을 위해서 결혼을 일부러 하지 않는 사람도 있지만 우선 결혼을 했다는 것은 기본은 갖추어졌다는 말이 됩니다. 병든 몸으로 결혼하는 것은 다른 한 사람을 과욕으로 인해 희생시키는 결과를 가져옵니다. 또한 양심이 없는 자가 결혼을 하고자 하는 것도 죄입니다. 왜냐하면 매일같이 상대방을 두드려 패고, 노름이나 하고 마약이나 먹고 해서는 안 되는 것이기 때문입니다.

세 번째는 유능한 사람이 되어야 합니다. 유능한 사람이 되려면 근면해야 됩니다. 많이 알고 지식이 있어야 합니다. 많은 것을 배우면 걱정이 없습니다. 그러나 반드시 필수적인 것은 아닙니다. 기본적으로 건강과 양심만 있으면 살 수 있습니다. 하지만 삶의 질을 높이려면 유능한 사람이 되어야 합니다. 근면하고, 학식이 있는 사람이어야 됩니다.

네 번째는 정서적으로 성숙한 사람이 되어야 합니다. 정서적으로 성숙해야만이 예술을 알게 되고, 멋을 알게 됩니다. 그래야 멋쟁이가 됩니다. 지식이 많다고 돈이 많다고 멋쟁이가 되는 것이 아닙니다. 정서적인 풍요로움을 갖추어야 합니다. 이 정도면 이제 보통 사람으로서는 쓸 만한 사람일 것입니다.

다섯 번째로 인간은 신령스러워야 합니다. 인간의 신성이 밝아져야 합니다. 우주의 신성神性과 통해야 합니다. 이 때 스승의 소중함을 알게 됩니다. 저는 여러분에게 육체의 건강, 양심, 지식, 정서만을 말하는 것이 아닙니다. 단학의 제일 큰 목적은 여러분 모두를 신령스럽게 하는 데 있습니다.

천지의 마음을 앎으로써만이 신령스러워질 수 있습니다. '나는 사랑하는 사람의 마음을 잘 알아' 하는 것은 신령스러운 것이 아닙니다. '나는 나무의 마음을 잘 알아' 하는 것도 신령스러운 것이 아닙니다. 천지의 마음을 아는 자가 신령스러운 것입니다. 그러나 아무리 천지의 마음을 알고, 정서적으로 풍요롭고, 지적으로 충만해도, 양심이 없으면 그 신령스러움으로 인해 그 사람은 사이비 교주나 신도가 되고, 그 풍요로운 정서로 인해 돌팔이 예술가, 사이비 예술가가 되게 되어 있습니다. 또한 양심이 없는 많은 지식인은 스스로를 사기꾼으로 만들게 됩니다.

그러므로 제일 중요한 것은 양심입니다. 양심 없이 건강만 해도 문제이고, 지식만 많아도 문제이고 양심 없이 정서적으로 풍요로워도 문제이고 양심 없이 신령스러워도 문제입니다.

그런데 문제는 이 세상에서 양심 없이 그렇게 되는 게 가능하다는 것입니다. 그래서 사이비 교주도 나오고, 사이비 도주도 나오고 예술인입네 하면서 변태적인 예술가도 나오고 지식을 팔아먹는 사기꾼도 나오는 것입니다. 또한 양심이 없는 육체를 가진 폭력배, 범죄자가 나오는 것입니다.

앞으로 제일 존경받는 자는 양심적인 사람입니다. 요즘 사람들은 벌써 양심 없는 권력자, 재벌, 지식인은 존경하지 않습니다. 단학은 양심을 태양같이 밝히는 수련입니다. 양심만 있으면 성통공완할 수 있다고 말합니다. 많은 사람들이 이 점에 의심을 갖고 있으나 양심을 가진 자가 일심으로 수련하면 모두 견성見性할 수 있습니다.

그리고 수련은 산 속에 들어가 도 닦는다고 되는 것이 아닙니다. 인간은 인간이 사는 데서 해야 하는 것이지 산 속에 들어간다고 수행이 될 리가 없습니다. 인간은 인간이 사는 사회 속에서 완성이 되는 것입니다.

저는 양심이 있는 사람을 가장 좋아합니다. 하늘도 양심이 있는 자를 오라고 그러지 유능한 자, 정서적으로 풍요로운 자, 신령한 자를 오라고 하지 않습니다. 육체가 병들었어도 양심이 있는 자는 신령스러운 기운이 내림으로써 그 영혼을 축복합니다.

제가 말하는 신은 무엇이냐 하면 조화주를 말합니다. 종교적인 하느님이 아니고 원리이고 법입니다. 우주의 원리, 우주의 법이 바로 신입니다. 그 신은 우리의 몸 안에도 존재합니다. 우리 몸의 건강 원리가 곧 신입니다. 건강의 원리를 거역하면, 즉 우리 몸의 신을 거역하면 죽게 되어 있는 것입니다. 또한 우주의 원리를 거역하면 이 우주를 떠나야 됩니다. 살 수 없게 됩니다. 우주의 원리를 보는 자가 바로 신을 보는 자입니다.

우주의 원리는 조화의 원리로써, 하나의 원리로써, 사랑의 원리로써 이루어집니다. 우주의 원리는 또한 아름다움을 좋아합니다. 그래서 인간도 그러한 하늘의 마음을 닮았기 때문에 아름다운 것을 좋아하고 추구합니다. 악인의 대명사인 마피아, 야쿠자 조직이나 그 외 어떤 범죄 단체도 시든 꽃은 꽂아 놓지 않습니다. 예쁘고 싱싱한 꽃을 좋아합니다. 사진을 걸어 놓아도 삐딱하게 걸지 않고 반듯하게 걸어 놓습니다.

인간은 선을 추구하고 아름다움을 추구하게 되어 있기 때문에 그렇습니다. 그것이 안 될 때 타락하는 것입니다. 양심에서 멀어지는 것을 타락이라고 합니다. 또한 공동의 양심에서 멀어지는 것을 배신이라고 합니다. 공동의 양심, 공동의 선이 있습니다. 인간 모두가 행복을 추구하지만 개인의 행복은 소유욕을 채우는 데서 오고 전체의 행복은 양심을 만족하는 데서 오는 것입니다. 모든 가치관의 척도는 바로 양심에 있습니다.

하늘은 양심 있는 자를 찾아 세워서 그 사람에게 하늘의 마음을 비춰 주고 사명을 줍니다. 사명을 받은 자에게 협조자가 생기게 되어 있습니다. 이것이 조화입니다. 이들이 모여서 단체가 형성됩니다. 그러나 어떠한 큰 단체가 하늘의 양심을 잃어버리면 하늘은 용서하지 않습니다. 법칙에 어긋나면 망하게 되어 있습니다. 그래서 수많은 국가가 처음에는 정의를 부르짖으면서 번영을 누리다가도 지배 계층의 타락으로 망하고 맙니다. 그것은 바로 하늘의 마음이 비칠 때 같이 비칠 수 있는 양심의 거울이 깨졌기 때문입니다.

제일 오래된 집단은 종교 단체입니다. 종교는 계속 반복하면서 극선을 추구해 왔습니다. 그러나 종교는 그같이 순수한 뜻과 섭리보다는 조직을 지키는 데 급급해서 원래의 뜻과 사명을 잃어버렸기 때문에 미국의 교회들이 현재는 텅텅 비어 있다고 합니다. 다 그런 것은 아니지만 교회에 다니고 절에 다니는 사람들이 양심을 말하지 않고 구원에 대해서만 말합니다. 이기주의가 팽배한 것입니다.

제일 핵심이 양심인데 양심 있는 사람이 되라고 하지 않고 구원받으라고, 천당 가라고만 말합니다. 이러니까 양심은 슬그머니 뒷전으로 물러나고 소유욕을 만족시키는 데만 정신을 팔고 있습니다. 개인이 천당 가겠다는 것은 소유욕입니다.

공동의 이익을 추구하는 데는 소홀하고 각자 개인의 소유욕을 만족시키는 데 혈안이 되어 있습니다. 기복 신앙이 된 것입니다. 우리 아이 대학교 가게 해 주십시오. 우리 아이 병 낫게 해 주십시오, 우리 부부 부자 되게 해 주십시오, 전부 그런 것뿐입니다. 종교의 원래 목적은 전체 선이요, 양심의 만족인데 양심을 만족시키는 쪽으로 가지 않고 소유욕을 만족시키는 쪽으로 현 종교가 퇴색되어 가니, 종교란 욕심 많은 사람들의 욕구 충족을 위한 도구로 전락해 버린 형국입니다.

양심적인 사람들은 나름대로 정신적인 수도 단체를 찾아 헤매고 있거나 스스로 집안에서 성경이나 기타 경전을 가지고 공부하고 있습니다. 또한 몇몇 종교 지도자들은 각성해서 바르게 나가려고 몸부림치고 있습니다. 그러나 대세가 어떠냐 하면 정치에 기대할 수도, 종교에 의지할 수도, 과학에 의지할 수도 없는 형편입니다. 과학도 이성을 잃어 인간의 지혜를 바람직한 쪽으로 쓰지 않고 있습니다.

하늘이 인간의 능력을 축복해 줌으로써 축지법을 쓰게도 해 주고, 천리안도 천이통도 열리게 해 주었습니다. 가만히 앉아서 폐쇄 회로 텔레비전으로 미로도 볼 수 있고 300명씩 태운 비행기가 붕 떠올라서 태평양도 날 수 있게 되었습니다. 이런 엄청난 축지법이 나왔는데도 불구하고 이 과학을 전체의 양심을 만족시키는 데 사용하지 않고 각 개인이나, 조직, 단체, 국가의 이익을 만족시키는 쪽으로만 사용하고 있습니다.

국가와 단체와 조직과 개인이 양심을 되찾아 선이 아니라 악에 이용

되었던 지식과 정서와 신령스러움이 이상세계를 건설하는 쪽으로 쓰여질 때에는 10년 안에 세상이 싹 바뀌게 됩니다.

앞으로 과학은 더욱더 발전할 수 있게 됩니다. 우주화되고 로봇이 나와 인간이 노동에서 해방됩니다. 그것이 인간 최고의 꿈입니다. 인간은 원래부터 노동을 하지 않고 먹고 살기를 원했습니다. 인간은 취미로서 노동을 할 수 있기를 원한 것입니다. 취미로 노동하는 것은 즐거운 일입니다. 그것은 운동입니다. 먹고 살기 위한 노동에서 벗어나는 것입니다.

인간에게는 원래 지적인 능력과 영적인 능력이 있습니다. 과학은 바로 영적인 능력이 나타난 것입니다. 그래서 능력자가 되고, 유능한 사람이 되고, 사명자가 되려면 지식과 영능력을 다 같이 지니고 있어야 하는데 그것은 양심만 바르면 가능한 일입니다. 다시 원점으로 돌아가서 홍익인간은 바로 양심이 있으면 될 수 있는 것입니다. 홍익인간은 바로 본성이 밝아진 사람입니다. 그렇게 되려면 수도만 한다고 되는 것이 아닙니다. '공동의 선'을 추구하는 일을 해야 합니다. 그 단체가 추구하는 이상세계, 홍익인간 이화세계를 이루려는 목적을 향해서 가다 보면 우리의 본성이 점차 밝아지게 됩니다. 앉아서 그냥 본성광명을 외쳐 보았자 목만 아플 뿐입니다.

저는 여러분에게 본성광명으로 가는 설계도는 줄 수 있지만 집은 여러분 자신이 지어야 됩니다. 그런데 요즈음 저보고 집까지 지어 달라는 사람이 많습니다. 저에게 협조하는 일은 여러분 자신을 위한 일입니다. 이 길만이 홍익인간을 실천하는 일입니다. 인간의 인격은 단체 생활 속에서 생기는 것이지 혼자 사는 데서 형성되지 않습니다. 혼자서 그냥 깨치는 것은 이상세계를 건설하는 것과는 관계가 없는 것입니다.

이상세계를 건설할 수 있는 깨달음이라야 진짜 깨달음이지 이상국가를 건설하고 민족통일을 이루는 데 아무런 도움이 되지 못하는 깨달음은 의미가 없습니다. 전체 선善이 되지 못하는 깨달음은 의미가 없습니다.

그래서 본성의 눈으로 보면 요즈음 통일이라는 말로 선동하는 자, 민주화라는 이름으로 선동하는 자들의 본색이 보입니다. 그래서 우리는 무슨 일에 동참할 때 자기 정신을 갖고 확실히 해야 합 니다. 내 양심과 내 본성으로 보아서 내가 지금 선동을 당하는 것인가 아니면 여기에서 추구하는 길이 자기의 본성을 밝히고, 인격을 완성하는 데 도움이 되는 일이냐를 판단해야 합니다. 아무리 이상세계를 만든다고 하더라도 자신을 도덕적으로 타락시키고 인격적으로 파탄시키면서 그 일을 하라고 하는 것은 선동이라고 볼 수 있습니다. 개인의 도덕성을 깨뜨리고 인격을 파탄시키면서까지 '일어나라, 통일을 위하여!' 라든지 '민주화를 위하여!' 라는 것은 있을 수 없는 일입니다.

화염병을 던지는 일은 안 되는 것입니다. 상대방이 화염병을 맞고 화상 입고, 죽으라는 말이 아닙니까? 그래서 우리 각자 각자가 홍익인간이 되어야 합니다. 양심만 바르면 신령스러운 사람이 될 수 있습니다. 바로 그 길이 우리가 공부하고 있는 단학입니다. 천지마음을 아는 것입니다. 천지마음이 내 마음이고 천지기운이 내 기운이니까 너와 내가 하나라는 말입니다. 이것은 자연스러운 것입니다. 그러나 대개는 남을 돕는 것을 희생으로 압니다. 그런데 본성의 눈이 떠지고 나서 양심이 만족하도록 살다 보니까 너도 좋고 나도 좋고 이렇게 되는 것이지 희생한다는 것은 있을 수 없는 일입니다. 본성을 깨친 사람은 희생하는 것이 아무것도 없습니다. 전부 자기를 위해서 활동합니다. 그러나 본성을 깨치지 못한 사람은 자기 희생을 하면서 남을 돕습니다. 그러니까 항상 희생을 하기 때문에 희생한 만큼 받으려고 합니다.

앞으로 때가 되면 신인합일의 시대가 옵니다. 신령스러운 기운이 작용하여 인간의 신성이 밝아집니다. 인간의 본성이 밝아짐으로써 여러 가지의 관념에서 해방되는 것을 부활이라고 합니다. 부활이라는 것은 다른 것이 아니라 관념에서 해방되는 것을 의미합니다. 깨달음은 별것이 아닙니다. 홍익인간 이화세계를 만들겠다는 사명자가 되는 것입니다. 저는 이 세상에 구세주가 되려고 나온 것이 아니고 구세주를 만들기 위해서 나온 사람입니다. 나 스스로 사명자임을 알리려고 하는 것이 아니고 많은 사명자를 탄생시키는 일을 완수하려고 하는 것입니다.

사명자에게나 협조자에게나 가장 중요한 것이 양심입니다. 지혜는 조금 넘칠 수도 모자랄 수도 있습니다. 그런데 양심을 좀먹는 제일 큰 버러지가 하나 있습니다. 바로 자기 정당화입니다. 서서히 자기 정당화를 시키다 보면 양심이 맥을 쓰지 못합니다. 정당화하는 버러지만 없애면 여러분의 본성은 밝아지게 됩니다. 하늘 앞에 정말로 순수할 수 있는 그 심정, 그 심정을 하늘은 어여삐 여깁니다. 하늘은 아주 순수하고 고지식합니다. 그러니까 봄, 여름, 가을, 겨울이 정확하게 돌아갑니다. 우주의 법칙은 잔재주를 피우지 않습니다. 그러니까 하늘이 제일 좋아하는 것은 잔재주를 피우지 않는 사람입니다.

그 동안의 세상은 잔재주를 피우는 사람은 잘 살았고 잔재주를 피우지 않는 사람은 못 살았습니다. 그러나 지금은 잔재주를 피우는 사람은 박살나고 있습니다. 시대가 묘하게 바뀌어가고 있습니 다. 양심이 밝지 않고서는 존경받을 수 없습니다. 능력이 조금 부족해도, 정서적인 것이 조금 부족해도, 신령스러운 것이 조금 부족해도 양심만 바르면 하늘이 사랑하고 사람들이 사랑합니다. 그런 사람들이 사는 세상이 되어야만 이 세상이 이상세계가 될 수 있습니다.

저는 지금 양심을 살리는 운동을 하고 있습니다. 단학은 바로 양심을 살리는 운동입니다. 사람을 사랑하는 것도 중요하지만 하늘 사랑은 형언할 수 없을 정도로 아름답습니다. 하늘 사랑을 할 때 천지기운을 알아야 되고 정성을 들여야 되듯이 신령스러운 사람이 되려면 하늘에 정성을 들여야 하는 것입니다. 사람으로부터 사랑을 받으려 해도 정성을 들여야 되듯이 하늘도 마찬가지입니다. 신령스러운 사람이 되려면 하늘에 정성을 들여야 하는 것입니다. 그래야 하늘이 사랑을 퍼부어주고 하늘 사랑을 듬뿍 받아야만 신령스러운 사람이 될 수 있습니다.

세상은 어떻습니까? 상대적인 사랑에 있어서도 사랑을 받으면 행복합니다. 그러나 그 상대가 영원하지 않기 때문에 행복했다, 불행했다 합니다. 그리고 사랑하다가 안 해 주면 질투가 생기고 사랑 때문에 살인 사건까지도 일어납니다. 그러나 하늘의 사랑은 다릅니다. 환희의 연속입니다. 인간에게는 원래 태어날 때부터 자오성自悟性이 있습니다. 그 자오성을 믿고 양심을 믿고 가면 견성하게 되어 있고 본성광명할 수 있습니다. 홍익인간 이화세계의 목표만을 갖고 살다 보면 생활 속에서 그렇게 실천할 수 있습니다. 밝기야 조금 차이가 날지 모르지만 다 이루어질 것입니다.

그래서 조직이 중요합니다. 이상적인 목표를 가지고 있는 조직 속에서는 조직의 기운을 받아서 커지지만 독재 사회나 범죄 소굴에 들어가면 범죄자가 됩니다. 인간은 사회적인 동물이니까 혼자 살 수 없는데 어느 조직에 참여하느냐 하는 것이 굉장히 중요합니다. 그 조직의 목표와 그 조직의 분위기에 영향을 받습니다. 그래서 인간은 사회적인 동물이라고 합니다. 좋은 단체에 가입하여 활동하면 외로움 없이 어려움 없이 쉽게 살아갈 수 있습니다.

또한 성급히 결혼하지 말기 바랍니다. 자기 자신이 홍익인간이 된 후에 상대방 홍익인간을 만나서 결혼해야만 그 자식이 축복받고 그 가정이 잘 됩니다. 이 좋은 세상에 홍익 가정이 탄생해야 하며 여러분들이 시조가 되어야 합니다. 열심히 정성들여서 홍익인간이 되고 또 제대로 된 상대를 만나십시오. 앞으로는 가정 중심적인 사회가 되어야 합니다. 아버지라는 단어, 어머니라는 단어만큼 위대한 단어는 없습니다. 대통령, 의사, 과학자, 장관이라는 직책 등 어떤 것이라도 아버지, 어머니 이상 위대한 것이 없습니다. 아버지 어머니가 정신적인 지도자요, 철학자가 되어야 합니다. 나가서는 지식만을 배우고 정신과 얼은 부모로부터 이어받고 깨치는 것입니다.

정신은 받아서 내려오는 것입니다. 얼이 끊어지면 끝납니다. 지금은 얼이 끊어진 상태입니다. 타락했기 때문에, 시커먼 양심 속에서 나왔기 때문에 혼란한 것입니다. 그것을 탕감하려니까 속죄하지 않으면 안 됩니다. 그래서 밝은 양심에 음의 양심과 양의 양심이 만나서 거기에서 나온 얼이 전달되어야 합니다. 그래야만이 이상세계를 만들 수 있고 그럴 때 아무도 선동하지 못합니다. 구원에 대한 문제가 끝났는데 무슨 교회와 절이 필요합니까? 지금 무엇 때문에 양심이 쪼그라들었느냐 하면 구원받고 천당가고 극락간다고 유혹하고, 통일이라고 혹세무민하고, 정치는 출세시킨다고 현혹하고, TV를 보게 되면 각종 현란한 것들이 정신을 송두리째 뽑아 버리니까 더욱 그런 것입니다. 양심이 정신을 못 차리는 것입니다. 그래서 양심을 따라가지 않고 욕망만 따라가게 만들어 놓았습니다. 정치가 말로만 정의 사회를 구현한다고 떠벌립니다. 이러한 현실 속에서 어떻게 양심이 정신을 차리겠습니까? 지금 세계는 조직적인 면, 기술적인 면은 완전한 이상세계를 건설할 수 있도록 준비가 끝났습니다. UN과 관련 기구들의 기능만 살린다면 지구촌이 하나가 될 수 있습니다. 또한 많은 단체들이 기아에 허덕이는 인류를 구제하기 위해서 모두 운동하고 있습니다. 지금은 양심

세력과 비양심 세력과의 싸움판입니다. 줄다리기를 하고 있습니다. 무서운 것은 너무나 과학이 발달했기 때문에 망해도 빨리 망할 수 있고 이상세계가 만들어지더라도 빨리 만들어질 수 있는 때가 온 것입니다. 그러니까 이 양심 운동이 일어나지 않으면 지구는 끝이 나는 시점에 와 있습니다. 깨달았다는 것만 가지고는 별로 의미가 없습니다.

하늘 심정과 통하는 자는 구제받게 되어 있습니다. 신성한 양심은 우주의 마음입니다. 여러분은 그러한 마음을 가지기 위해서 단학선원에 온 것입니다. 뜻을 홍익인간 이화세계에 두고 하늘의 소명과 사명을 받으면 앉아서 단전호흡을 하지 않아도 천기가 그냥 들어오게 되어 있습니다. 그 때는 열심히 일하는 것이 빨리 바뀌는 것입니다. 실적을 통해서 양심이 성장하는 것이지 앉아서 숨쉰다고 성장하는 것이 아닙니다.

그래서 단학을 보급하는 것이 바로 수행이라고 아무리 말을 해도 믿지 않으려고 합니다. 개인 수련은 중요하지 않습니다. 빨리 보급해야 합니다. 앉아서 단전호흡만 해서는 안 됩니다. 영적인 성장과 양심의 성장은 혼자 앉아 있을 때 되는 것이 아닙니다. 인격이라는 것은 운동을 통해서 이루어지는 것입니다. 운동을 통해서 발달합니다.

여러분 중에서 "이제까지는 지식을 믿고 살아 왔으나 지금부터 뜻을 위해 살겠습니다. 열심히 살겠습니다"하는 사람이 많이 나와야 합니다. 결국은 자기를 위해서 하는 일입니다. 마지막까지 남는 자가 성공하고 승리하는 것입니다. 탈락하는 자는 끝장입니다. 개인적으로는 타락이요, 공적으로는 배신인 것입니다. 개인적으로 왜 타락이냐 하면 소유욕에 졌기 때문입니다. 요즘 젊은이들이 확실한 사상을 찾지 못하고 방황하는 것을 저는 매우 안타까워합니다. 확실한 사상을 만나는 것은 구세주를 만나는 것과 같습니다. 바로 바른 사상과 원리를 알려주는 자가 구세주입니다. 그러나 우편 배달부가 편지를 돌려 주어야 하는데 안 돌려 주면 직무유기가 됩니다. 여러분들은 확실히 알고 있고 느끼고 있는 것을 알리는 일에 게으르면 안 됩니다. 하늘 앞에 죄가 됩니다. 무해유익한 사람이 되는 일에 위반이 되기 때문에 그런 것입니다. 우리는 항상 홍익인간 이화세계를 이루는 일에 무해유익한 사람이 되어야 합니다.

우선 하늘을 향해 하늘의 신령스러운 기운이 우리를 꽉 잡아 주기를 간절히 기원해야 합니다. 그러기 위해서는 그 동안 알게 모르게 지은 죄를 용서받아야 합니다. 그리하여 양심이 밝아져야 합니다. 내 죄악이 용서받는 날 내 양심은 밝아질 수 있으며 그 밝아진 양심의 거울이 세상을 비추는 것입니다. 그렇게 함으로써 내 양심이 밝아지고 영원해지며 우주의 본성이 여러분의 본성을 비춥니다. 맑은 기운으로 여러분의 심정과 본성을 비춥니다. 그 신령스러운 우주의 빛과 기운 속에 아무것도 남지 않고 완전히 녹아지기를 바라야 합니다. 녹아서 하나가 되어야 합니다.

여러분의 마음이 눈과 같이 희어지기를 바랍니다. 하늘의 심정은 주체요, 여러분은 객체가 되는 것입니다. 주체를 향하여 정신을 한군데로 모으기 바랍니다. 모든 행위의 법칙엔 중심이 있습니다. 만물은 그 주위를 맴돌고 있습니다. 하늘의 심정을 향하여 모든 마음을 하나로 모으시기 바랍니다. 하늘의 심정에 여러분이 합쳐져서 하나가 되기를 바랍니다. 하늘과 여러분의 관계에서는 여러분이 객체이지만 세상을 향해서는 여러분이 주체가 되는 것입니다.

이제 여러분들은 삶의 목적과 살아가야 할 방향을 발견했습니다. 여러분의 정열과 사랑을 바칠 수 있는 대상을 발견했습니다. 영원한 대상을 발견한 것입니다. 저는 사랑하는 대상을 발견하고 삶의 목적을 발견했을 때 얼마나 기뻤는지 모릅니다. 20년의 방황이 끝났던 것입니다. 그것을 해결해 보려고 절에도 갔고 도사라는 사람도 찾아가 보고 했지만 하나도 신통치 않아서 스스로 해결해야 되겠다고 결심하고 하늘에 매달렸습니다.

"이 세상에 스승이 없으니 하늘이시여! 당신이 내 스승이 되어 주시오" 하고 만져지지 않고 보이지도 않는 하늘을 붙잡고 그냥 매달렸습니다. 당신이 내 번뇌와 고민을 해결해 주지 않으면 삶의 의미가 없습니다. 나의 삶을 반납해 버리겠다고 하는 간절하고 순수한 마음으로 매달렸습니다. 그래서 하늘의 심정을 알고 내 스스로 크게 깨우쳐서 "내 마음이 천지마음이다. 내 기운이 천지기운이다" 하고 외치게 되었던 것입니다. 그런 심정의 자리에서 세상을 바라보게 되었습니다.

이 깨우침을 보급하는 방편을 마련하느라 매우 고심했습니다. 처음부터 이런 말을 하면 아무도 들으려고 하지 않습니다. 그래서 우선 모든 사람의 소유욕에다 목표를 두고 "건강이 좋아집니다, 병이 낫습니다"라고 했습니다. 이래서 "천지기운으로 병줄을 끊고 나와 민족과 인류를 구원하자"고 했습니다. 단학은 나와 민족과 인류를 살리는 길입니다.

저는 하늘의 뜻을 받고 나서 하루도 편히 잠을 잔 적이 없습니다. 고생을 하지 않고 소망한 것을 얻은 사람은 귀한 것을 모릅니다. 지금 여러분의 몸 속에는 수천 수만 수억의 후손들이 있습니다. 수많은 영혼들이 "아버지, 지금 뭐하는 거예요? 어머니, 지금 뭐하는 거예요?" 하고 외치고 있습니다. 지금까지 결혼하지 않은 사람들은 감사해야 됩니다. 양심이 바르지 못하고 삶의 목적을 모르고 결혼해서 자식을 낳으면 죄가 됩니다. 키울 수 있는 자격이 없습니다. 자식을 낳으면 최소한 삶의 목적이 무엇이라고 알려 줄 수 있어야 합니다. 자식에게 넌 왜 태어났으며 삶의 목적은 무엇이다, 어디서부터 와서 어디로 간다고 말해 줄 수 있어야 합니다.

나는 내가 어디서 와서 어디로 가는가를 모르고는 억울해서 살 수 없었습니다. 내가 왜 살아야 되며 무엇을 위해 살아야 하는가를 모르고는 살 수 없었습니다. 일심이면 상근기는 3일이요, 중근기는 7일이요, 하근기는 21일이면 도통한다는 것을 책을 보고 알고 나서 골수에 맺히고 맺혔기 때문에 시도해본 것입니다. 그러나 여러분은 제가 걸어왔던 그런 황량한 길을 걸을 필요가 없습니다. 여러분의 체력으로는 제가 했던 수련의 반도 따라올 사람이 없습니다. 짧은 기간 동안의 단식은 쉽지만 한 열흘만 안 먹고 안 자고 한번 앉아만 있어 보십시오. 왜 여러분은 이러한 고행이 필요 없느냐 하면 여러분을 지도해 줄 수 있는 스승을 만났기 때문입니다.

양심이 문제입니다. 비뚤어진 양심을 정당화시키고 그럭저럭 살겠다는 양심이 문제입니다. 무엇을 위해 살겠습니까? 저는 여러분들이 정말로 귀한 사람이 되기를 바랍니다. 이제 이 민족의 사명자가 많이 나와서 민족의 한을 풀고 구원해야 합니다. 저는 우리 나라 사람들 중에서 사명자를 많이 만들어 가지고 이 세상을 밝은 세계로 인도하고 싶습니다. 이상세계를 만들어야겠습니다.

민족의 정신을 찾아 세웁시다

얼마 전 구인사에 다녀왔습니다. 그 곳에는 많은 사람들이 관세음보살을 부르며 밤을 새워 수련을 했습니다. 아픈 사람은 병이 낫기를 마음 속으로 기원하면서, 가난한 사람은 가난한 사람대로, 각자의 소원을 가지고 수련을 하고 있었습니다. 또한 어떤 사람은 깨달음을 얻기 위해서 열심히 수도하는 것을 보았습니다.

그러나 한 가지 한탄스럽고 마음이 찢어질 듯이 괴로웠던 것은 이 나라에는 수많은 사찰과 성당과 교회가 있고, 외국의 문화가 들어와서, 외국 성인의 정신을 배우는 도장은 그렇게 많은데 우리 민족의 정신을 갈고 닦을 수 있는 도장은 하나도 없다는 것입니다. '민족의 도장은 없다' 아주 개탄스러웠습니다. 저는 몇 년 전에도 구인사에 다녀온 적이 있습니다. 그 때 구인사에서 돌아와 민족의 도장을 세워야 되겠다는 원력을 가지고 전국을 순회하면서 곳곳에 민족 정신의 도장으로서 단학선원을 세웠던 것입니다.

그렇지만 시가지에 위치하고 있는 단학선원이 민족 정신의 도장으로서의 소임을 어느 일부분은 다할 수 있지만 충분하다고 할 수 없습니다. 그래서 산중에 수도장을 지을 수 있는 곳을 찾고 찾다가 하늘의 도움으로 십승지지十勝之地라 할 수 있는 곳을 찾게 되었습니다.

과천에서 성남 쪽으로 정신문화원이 있는데 바로 국사봉 밑에 있습니다. 천화원 주위에는 국사봉이 네 개나 있습니다. 스승 사師자 국사봉이 두 개요, 선비 사士자 국사봉이 두 개 있습니다. 그 곳에서 이제 자그마한 민족 정신의 도장이라는 것을 시작했습니다. 비록 저의 마음에 백 분의 일도 안 차지만 말입니다.

처음에 단학선원을 세웠을 때는 개인 도장이 아니냐는 오해를 받았습니다. 또한 단학선원이 이만큼 크기까지는 많은 음해와 오해를 다 받았습니다. 하지만 그런 오해보다 중요한 것은 민족의 정신을 알리는 심신 수련장을 세우는 것이었습니다. 이제 단학선원은 사단법인 한문화원으로 발전했습니다. 사단법인 한문화원은 개인의 것이 될 수 없습니다. 민족 정신의 도장! 민족을 위한 도장으로 성장해 나가야 하겠습니다.

구인사는 가 본 사람은 알겠지만 사찰의 규모로는 우리 나라에서 최대라고 할 수 있습니다. 또한 특정한 사람들이 수련하는 곳이 아니라 아주 대중적이며, 중생의 애환을 풀어 주는 곳입니다. 그런 면에서 칭찬을 받을 만한 곳입니다.

우리는 구인사보다 다섯 배 열 배 더 큰, 수천 명이 모여서 수도할 수 있는 도장을 만들어야 합니다. 그런 도장이 하나는 있어야 민족의 자존심이 서는 것이 아니겠습니까? 정말 우리 민족의 정신은 어디에 숨어 있는 것입니까? 날조된 역사와 외래 문화의 홍수 속에서 우리의 정신은 천대받고 있습니다. 그래서 남북통일 이야기만 나와도 일부에서는 기독교 정신으로 통일을 해야 한다고 하고, 일부에서는 불교 정신으로 통일을 해야 한다고 하고, 북쪽에서는 공산주의 사상으로 남쪽에서는 자본주의 사상으로 통일을 해야 한다고 그럽니다. 또 일부에서는 적당히 조화를 시켜서 해야 한다는 등 여러 가지 견해들이 많습니다.

우리 나라를 종교 천국이라고 합니다. 아주 좋은 말로는 우리 나라의 영적 수준이 세계 제일이라고 합니다. 지금 우리 나라의 많은 사람들은 스포츠에 열광하고 있고 또 많은 사람들은 영적 구원에, 천당에, 극락에 열광하고 있습니다. 그러는 동안에 우리의 정신은 썩어 가고 있습니다. 우리의 정신을 어떻게 할 것입니까? 우리의 정신을 부모가 가르쳐 줍니까, 학교에서 가르쳐 줍니까? 우리는 불행하게도 우리의 현실을 해결해 주지 못하는 스포츠에 빠지고 오락에 빠지고 종교, 사상과 깨달음에 빠져 있습니다.

우리의 현실을 어떻게 할 것입니까? 분열된 민족의 화합은 누가 이룰 것입니까? 어떤 지고한 사상과 도道라도 이 민족의 현실을 해결할 수 없는 도라면 그것은 진정한 도가 아닙니다. 냉정히 살펴볼 때 우리나라는 지금 원하건 원하지 않건 간에 미국에 의해서 조종을 받고 있습니다. 우리 나라의 독립도 우리가 쟁취한 것이 아닙니다. 그러므로 우리는 계속해서 지금도 강대국의 영향력 아래 있으며 그 문화 속에서 갈팡질팡 정신을 못 차리고 헤매고 있습니다. 그래서 우리 나라에는 인물이 없습니다. 인물이 왜 없느냐? 인물이 될 만하면 개칠을 하고 똥칠을 해서 구심점이 없게 만들어 버립니다. 계속 견제하는 것입니다.

이 민족을 단합시킬 수 없는 종교와 사상과 스포츠, 오락이라면 우리는 경계해야 합니다. 수많은 외래 종교를 배우고 외래 사상을 가르치는 곳은 많지만 민족의 정신과 사상과 문화 그리고 역사를 배우는 곳은 전무하지 않습니까? 단학선원은 바로 민족 정신의 도장인 것을 여러분은 알아야 합니다. 민족 정신의 도장은 바로 민족 정신을 배우는 곳이며 민족의 것입니다. 여러분께서 열심히 공부하고 수도해서 심신 건강의 차원에서 여러분의 얼을 찾고 민족의 얼을 찾는 계기가 되길 바랍니다. 나아가 여러분들이 찾은 정신을 여러분들의 입으로 전해 주어야 합니다. 우리 민족 정신의 도장은 여러분의 것이며 여러분들이 가꾸고 키워야 합니다.

백두산에는 한인 성인만 해도 일곱 분이 계셨습니다. 한웅 성인은 열여덟 분이나 되고 단군 성인은 무려 마흔일곱 분이나 되십니다. 히말라야에만 성인이 있는 것이 아니고 백두산에도 성인이 많이 계셨다는 것을 알아야 합니다. 원래 우리 백두산족은 높은 정신 문화를 가졌던 족속입니다. 우리는 그런 위대한 수도자의 후예입니다.

참도는 어떤 것이겠는가? 자기의 심신 수련도 되고 가정의 화합도 이루어지고 영적인 완성도 이루어지고 더 나아가서 민족의 화합까지 이룰 수 있는 도라야만이 진정한 도인 것입니다. 개인의 평화와 가정의 평화를 얻을 수 있는 도는 많이 있으나 민족의 화합을 이룰 수 있는 도는 어떤 도냐? 그것은 바로 민족 정신의 도입니다. 지금 이 사회가 혼란한 것은 부분적인 도를 가지고 전체화하려고 하기 때문입니다.

기독교도 진리는 진리이고 불교도 진리는 진리이나 이것이 민족의 구심점이 될 수 없습니다. 비록 기독교와 불교의 문화가 이 민족의 문화와 생활에 미친 영향은 크지만 그것은 부분적인 것이지 전체적인 것은 아닙니다. 우리가 추구하려는 것은 민족의 정신을 중심 삼고 외국에서 들어온 많은 정신과 진리를 조화하고 화합을 이루자는 것입니다. 그런데 그 구심점이 없이 조화와 화합은 이루어질 수 없습니다. 구심점이 없고 주객이 확실히 정해지지 않으면 주도권 싸움에서 우리 한민족이 피해를 입습니다.

화합을 할 수 있으려면 우리는 모두 한 뿌리이며 같은 핏줄을 타고 났으며, 같은 언어를 사용하고 같은 하늘 아래 같은 땅에서 살고, 같은 건국 이념 속에서 살아야 한다는 것을 알아야 합니다.

이것을 알기 위해서는 민족의 정신을 바르게 알지 않으면 안 됩니다. 그 때가 되어야 철이 나는 것이며 참된 깨달음이 있는 것입니다. 민족의 정신을 깨닫게 해 주지 못하는 도는 진정한 도가 아닙니다. 그런 도는 부분적인 깨달음은 줄 수 있으나 민족 공동체의 문제는 해결할 수 없습니다. 민족의 정신을 깨닫게 해 주지 못하는 도는 민족을 구원할 수 없습니다. 개인은 구원할 수 있을지 모르겠습니다. 그래서 저는 4대 성인의 정신이 이제 할 일은 민족의 정신을 깨우쳐 주는 데 인색하지 않는 것이라 말하고 싶습니다. 우리 나라에서 그렇게 대우를 받았으면 이제 주인 대접도 좀 할 줄 알아야 하는 것입니다.

우리 민족의 정신을 배우려고 하기만 하면 무조건 이단시하는 풍조가 있습니다. 민족의 정신을 깨우치게 하는 데 도움은 못 줄 망정 민족의 정신을 깨우치는 것을 방해한다면 우리는 그런 종교와 사상의 진의가 어디 있는가를 재고해 보아야 합니다. 민족 전체는 위할 수 없으나 개인은 위할 수 있다, 민족 전체는 구할 수 없으나 개인은 구할 수 있다는 논리입니다. 하지만 나 개인이 구원될 망정 민족 정신을 포기하라면 그런 구원은 받지 않겠습니다.

모두 열심히 수련하셔서 여러분이 참으로 바른 사람이 되길 바랍니다. 우리 부모에게서는 받지 못했지만 여러분은 자신들이 깨달은 정신을 형제들에게 친구들에게 후손들에게 물려 주기 바랍니 다. 그래서 끊어진 정신의 맥을 이어 주기 바랍니다.

단학선원은 바로 그 정신의 맥을 이어 주고자 설립한 것입니다. 그리고 우리가 하는 이런 수련을 통해서 우리는 완성될 수 있으며 더 나아가서 개인의 완성뿐만 아니라 민족의 완성을 이룰 수 있습니다. 또한 민족 정신의 확립은 곧 인류 정신의 확립을 의미합니다. 왜냐하면 우리의 민족 정신은 홍익인간 이화세계의 정신이기 때문입니다.

인류의 정신이 바로 서지 않았기 때문에 이 인류는 인간이면서도 동물처럼 약육강식의 원리에 의거해서 살아가고 있습니다. 이 나라가 민족의 정신을 바르게 찾은 후 인류의 정신을 세울 때 인류 정신의 지도국이 될 수 있는 것입니다. 그것은 바로 민족만을 살리는 길이 아니고 인류를 살리는 길이 될 것입니다. 우리 민족의 '한' 정신이야말로 인류 정신과 통하는 길입니다. 우리 나라에는 원래 경천사상이 있었습니다. 우리는 하늘을 의지했던 민족입니다. 그리고 이 나라의 경전은 천부경天符經입니다. 우리 민족의 하늘을 중심 삼고 하늘을 만물의 뿌리로 보는 눈은 여기서부터 유래된 것입니다. 하늘과 통한 사람만이, 그런 민족만이, 하늘을 의지하며 살 수 있으며 그런 정신으로 보았기 때문에 모든 것을 포용할 수 있었고 융화할 수 있었던 것입니다. 이 '한' 정신이야말로 인류를 한 가족으로 평화의 세계로 이끌 수 있습니다.

그 하늘을 티벳에 전한 것이 불교의 뿌리가 된 것이며 태우의 한웅천황의 열두번째 아들인 태호 복희의 여동생인 여호와가 이스라엘 민족에게 알려 준 하느님이 여호와 하나님이 된 것입니다. 그것이 바로 서선西仙의 뿌리가 된 것입니다. 기독교를 서선, 노자의 선도를 동선東仙이라고 합니다. 그리고 태호복희가 8괘를 중국에 전해준 것에서부터 유교가 시작된 것입니다. 우리는 그러한 맥락을 통해서 각자 천손이라는 것을 확실히 알아야 합니다. 그리고 우리 민족에게는 한인 성인, 한웅 성인, 단군 성인으로 내려오는 선도의 맥이 있습니다. 이 맥을 다른 누가 밝히고 이으리라 생각하지 마십시오. 여러분들이 열심히 공부해서 맥을 잇고 그것을 밝혀야 합니다.

현재의 단학선원에서는 여러분들의 소망을 모두 만족시켜 줄 수 없습니다. 몸도 건강해지고 마음의 평화도 얻고 가정도 평화로워지고 깨달음도 얻고 하는 등등의 문제를 모두 해결해 줄 수는 없습니다.

그것은 현재 단학선원의 체제 자체가 수련한 지 한 달 된 사람과 열 달 된 사람이 다 같이 한 장소에서 지도를 받다 보니까 지도에 문제가 생기기 때문입니다. 그래서 그런 문제를 해결해 보기 위해서 산중에다 수도원을 지었는데 그것이 충북 영동에 있는 천화원입니다. 아직 그 규모가 작지만 민족 정신의 도장으로 천화원을 많이 이용하여 깨달음을 널리 보급하기 바랍니다. 그래서 천화원이 앞으로 명실상부한 민족 정신의 도장으로 클 수 있도록 합시다.

이제 제가 여러분들에게 하고 싶은 말은 홍익인간 이화세계를 이루기 전에 홍익인간 이화세계를 이룰 수 있는 정신지도자를 양성해야 한다는 것입니다. 그러기 위해서는 먼저 민족 정신의 도장을 세우지 않으면 안 됩니다. 민족 정신의 도장도 없는데 민족의 지도자가 나올 수는 없습니다.

그리하여 민족 정신의 도장에서는 우리 민족의 참역사를 배울 것이며 민족 정신을 중심으로 해서 외국에서 들어온 다양한 문화가 완전하게 조화를 이룰 것입니다. 완전한 조화를 이루기 위해서는 구심점이 있어야 합니다. 이제 구심점이 나타나야 할 때가 되었습니다.

불교가 한국화하기 위해서 탄생한 것이 원불교입니다. 원불교를 세운 사람은 한국인입니다. 기독교를 한국화한 것이 통일교입니다. 그러나 한국화하고 민족화하게 되면 수난을 받습니다. 정치도 마찬가지입니다. 민족적인 정치가는 수난을 받게 되어 있습니다. 반면 강대국에 아부하는 정치인은 사랑을 받게 되어 있습니다.

19세기 중엽이었습니다. 국민들은 초근목피로 연명하면서도 엎친데 덮친 격으로 탐관오리들에게 뜯겼습니다. 이러한 상황 속에서 더 이상 견딜 수 없었기 때문에 동학 혁명이 일어났습니다. 그러나 오로지 체제만을 수호하겠다는 권력자들이 동포들을 잘 설득하고 살릴 생각은 하지 않고 일본 사람들을 불러다 총질을 해버렸습니다. 그러다 보니까 결국은 일본한테 망해 버린 것입니다.

이제 20세기가 끝나가고 있습니다. 드디어 동학 혁명은 민족 정신을 회복하는 운동이라고 불려질 수 있게 되었습니다. 그 때는 제일 몹쓸 것이 정부에 의해 동학교로 지탄받고 반역자로 몰리는 것이었습니다.

묘청의 난도 그렇습니다. 우리 민족의 역사를 쭉 거슬러 올라가 보면 민족의 정신을 찾으려고 무척이나 애를 쓴 흔적이 보입니다. 하지만 민족의 뿌리를 알고 민족의 정신을 찾으려는 사람마다 아주 엄청난 박해를 받고 매도되었던 것입니다. 이제 우리는 바르게 알아야 되겠습니다. 이제는 서서히 마지막 결승점을 향해서 오고 있습니다. 그것이 바로 한문화 운동입니다. 한문화 운동은 바로 종교와 사상이 하나 되는 운동입니다. 그것이 성공해야만 인류 정신이 정립됩니다. 회사의 정신이 바로 서야만 회사가 잘 되듯이 민족은 민족의 정신을 바로 세워야만 스스로의 사명을 다할 수 있습니다.

176

현실을 구할 수 없는 종교 집단은 종교가 아닙니다. 그것이야말로 사교 집단입니다. 현실 문제를 해결하는 바탕 위에서 영적인 문제까지도 해결할 수 있어야 합니다. 또 사이비 종교일수록 현실 세계는 무시하고 자꾸 사후 세계만을 이야기합니다.

정치가들은 어느 정도 현실을 바르게 보는 것을 원하지 않습니다. 물론 바른 정치가들이야 국민들이 현실을 바르게 보고 바르게 판단하는 것을 원할 테지만, 지금의 브라질이 겉으로는 저렇게 발전한 것 같으면서도 안으로는 인플레가 심하고 세계 제일의 부채를 지고 있는 까닭은 무엇이겠습니까? 브라질은 축구로 유명한 나라입니다. 브라질의 정치인들은 국민들의 관심의 대부분을 스포츠에 몰리게 했습니다.

지금 우리 나라도 위험한 상태에 와 있습니다. 너무나 스포츠와 향락 산업에 정열을 쏟고 있고 종교에 빠져 있습니다. 이제 우리는 그 에너지를 다른 곳에 모아야 합니다. 바로 민족의 정신을 바르게 찾는 것입니다. 흩어진 에너지를 모으기 위해서는 구심점이 있어야 합니다. 그래서 도장이 있어야 합니다. 무엇이든지 새로 시작할 때는 힘이 들고 외롭습니다. 그러나 이제 저는 기쁘고 외롭지 않습니다. 이제 한문화원은 사회의 공인을 받고 있습니다. 심신 교육을 위해 단학 수련법이 충분한 가치가 있다는 것을 인정받고 국세청과 감사원에 단학선원이 생긴 지 일 년이 다 되어 갑니다. 또한 선경과 같은 큰 기업체에서도 공인을 받았습니다. 그러나 민족 정신의 지도자가 되겠다는 사람들이 안 나와서 참으로 걱정입니다. 여러분들이 민족 정신의 지도자가 많이 나올 수 있도록 후원해 주기 바랍니다. 이 작업을 우리가 해야 되겠습니다.

정신의 사업은 망하지 않습니다. 나라도 사업도 망하지만 정신 사업은 예를 든다면, 종교 사업은 망하지 않습니다. 수천 년이 가도 불교 문화, 기독교 문화가 지속되듯이 한문화의 맥은 수만 년 흘러갈 것입니다.

여러분들이 제게 어떻게 하면 바른 수련을 할 수 있습니까 하고 묻는다면 저는 제가 수련한 것을 이야기해 드리겠습니다. '고민을 철저히 해라' 저는 고민한 것밖에 없습니다. '참삶의 의미가 무엇이냐?', '무엇을 위해서 살 것인가?', '무엇이 나를 위하고 민족을 위한 길인가?' 이것을 찾아서 부단히 고민했습니다. 그 문제를 해결하고 나서 그 다음 고민이 '어떻게 하면 민족 정신의 도장을 크게 일으켜서 모든 국민이 수련할 수 있도록 만들 것이냐?' 또 '어떻게 하면 위정자나 경제인들이 한문화 운동에 동참하면서 자신의 삶의 가치를 느끼게 할 것이냐?' 또 '이 한문화 운동이 어떻게 하면 전세계로 확산되게 할 것이냐?', '어떻게 하면 정신 지도자들이 많이 나오게 할 것이냐?' 오로지 그것이 고민입니다.

그러므로 저는 고민을 해결해 주는 사람이기도 하지만 더 큰 고민을 주는 사람이기도 합니다. 저에게 오면 작은 고민은 해결됩니다. 그러나 번뇌가 보리(깨달음)라고 했습니다. 쉬려고 하지 마십시오. 편안하려고 하지 마십시오. 정말로 편안한 길은 목적을 향해서 죽기 살기로 가는 것입니다. 그것 이상 편안한 것은 없습니다. 일하다 죽는 것 이상 편안한 것이 없습니다. 그러나 편안한 길을 찾으려고 갈등만 일으키다

178

가 가는 사람들이 대부분입니다.

저는 마음의 평화를 주고 깨달음을 주고 대자유를 주려고 합니다. 저는 그것을 줄 수 있습니다. 그것을 쟁취하는 길은 큰 목표를 향해서 모든 것을 버리고 가는 길밖에 없습니다. 그러나 실적을 쌓은 뒤에라야 참평화, 참자유가 뭔가를 알 것입니다. 열심히 일을 하고 나서 쉬어야만 휴식의 기쁨도 알 수 있는 것입니다.

현재 이 민족은 참다운 고민을 할 줄 모릅니다. 바르게 고민하는 것이 바로 사색이요, 수행입니다. 저는 여러분이 저와 같이 고민하고 저와 같이 가길 바랍니다. 대광大光은 무명無明이며 대성大聲은 무음無音이라고 하였습니다. 잡다한 여러 고민은 큰 고민을 만나면 다 없어져 버립니다. 그리고 큰 고민이 승화될 때 완전한 자유는 얻어지는 것입니다. 저는 여러분이 저와 같이 고민하고, 걱정하면서 큰 목적을 향하여 걸어가기를 바랍니다. 이것을 걱정이라고도 할 수 있지만 원력願力이라고도 할 수 있습니다. 사람은 큰 원력을 하나씩 세워야 합니다.

원력이란 어떤 것입니까? 영원히 변하지 않는 것이 원력입니다. 대를 물릴 수 있는 원력을 세우십시오. 우리가 흔들리지 않는 원력을 세우고 앞으로 십대 이십대 내려가면 이 민족은 크게 변하게 되어 있습니다.

자, 이제 모두 민족의 정신을 찾아 세우고 인류 정신을 바르게 정립하겠다는 원력을 세웁시다. 그리고 그 안에서 민족 정신의 도장을 세우겠다는 원력을 세웁시다.

우리는 한얼 속에 한울 안에 한알이다

우리 몸에는 눈으로 보이는 것이 있고 보이지 않는 것이 있습니다. 눈으로 보이는 것에는 피부와 살과 내장, 뼈와 세포 등이 있습니다. 눈으로 보이지 않는 것에는 기氣와 신神과 심心이 있습니다. 단학은 바로 보이지 않는 것을 느끼는 수련입니다. 기는 여러분 몸 안에 분명히 존재하고 있습니다. 여러분은 기가 존재한다는 것을 확신했기 때문에 여기 단학선원에 나오고 있습니다. 다시 말해서 여러분은 몸 속에 기가 있다는 것을 알고 있습니다. 그러나 기를 느끼는 사람은 많지 않습니다.

기는 다른 말로 에너지라고도 하며, 자력이라고도 합니다. 그리고 힘power이라고도 합니다. 쉽게 말해서 기운입니다. 기가 중요한 것은 누구나 다 알고 있습니다. 또 기에 대해서 여러 가지 말들이 있습니다. 기가 막히면 어떻게 됩니까? 죽습니다. 기가 막힌다, 기가 뚫렸다, 기가 살았다, 상기하다, 기진맥진하다, 기승을 부리다, 기골이 장대하다

등등 기에 대한 말들을 우리는 일상 생활에서 사용하고 있습니다. 기는 크기와 형체와 색깔과 냄새는 없지만 틀림없이 존재합니다.

마음에 대한 것도 마찬가지입니다. 마음 역시 보이지 않으며, 형체도 없고, 무게도 없지만 엄연히 존재합니다.

세상에는 두 가지 부류의 사람이 있는 것 같습니다. 보이는 것만을 인정하고 살아가는 사람과 보이지 않는 것이 있음을 알고 살아가는 사람입니다. 보이지 않는 것이 보이는 것을 지배합니다. 보이는 것만을 인정하고 사는 사람과, 보이지는 않지만 기와 마음의 세계가 존재한다는 것을 느끼고 체험하면서 살아가는 사람의 차이는 대단합니다.

전자는 오로지 눈에 보이는 몸을 위해서, 몸의 비위를 맞추면서 삽니다. 후자는 눈에 보이는 세계를 지배하는, 보이지 않는 세계에 대해서 확신을 갖고 그 세계를 느끼고 체험하며 살아갑니다. 여러분을 이 단학선원에 나오게 한 것은 생각과 마음입니다. 몸만 있어서는 되지 않습니다. 기가 빠지면 송장이고 기가 있어야 산 사람입니다.

또 기운은 펄펄 살아 있는데 얼이 빠져 버리면 미친 사람이 되는 것이며 얼이 온전히 박혀 있으면서 기운도 펄펄 나는 사람은 정상인입니다. 그러니 얼도 있어야 하고 기도 있어야 합니다. 그런데 기를 모르면 얼을 알 수 없습니다. 또한 우리의 몸도 모르면서 자연의 법칙과 진리를 논할 수는 없는 것입니다. 우리는 정신, 얼, 마음, 깨달음, 부처, 하느님, 생명 등에 대하여 이론적으로는 많이 알고 있습니다. 그러나 말과 글로만 아는 것은 부족하고 직접 느끼고 깨달아야 합니다.

이 곳에 계신 분들은 모두 기를 직접 느끼고 깨달아야 합니다. 그러나 거리에 나가서 "기에 대하여 아십니까? 기를 깨달으셨습니까?"하고 물으면 아는 사람은 천 명 중에 한 명도 안 될 것입니다. 오히려 이상한 눈으로 쳐다볼 것입니다. 기를 느낀다는 것은 기를 깨닫는 것과 마찬가지입니다. 기를 깨달아야만 기를 운용할 수 있습니다. 기를 운용하는 길은 무궁무진합니다. 병을 고치고, 정신을 집중하고, 마음을 가라앉히고, 조화로운 세계관을 갖는 모든 일이 기와 관계를 맺고 있습니다.

기를 활용하기 위해서는 먼저 기를 깨닫고, 기의 주인이 누구인가 바로 알아야 합니다. 기의 주인은 바로 마음입니다. 마음을 얼이라고도 합니다. 기를 활용하기 위해서는 얼이 있어야 합니다. 단학선원에 오면 제일 먼저 '마음이 있는 곳에 기가 있다' 는 말을 듣게 됩니다. 기만 깨달아야 하는 것이 아니고 얼도 깨닫고 볼 줄 아는 사람이 많아져야 합니다. 이 공부는 바로 기를 터득하고, 기를 터득하는 과정에서 얼을 깨치는 공부입니다.

이 공부는 살아 있는 공부이기 때문에 그 동안의 여러 수행 방법과는 다릅니다. 십 년을 해도 병만 생기는 그런 수행 방법과는 다릅니다. 이 공부를 하게 되면 한 달 안에 기를 터득하고 두 달, 석 달 안에 몸의 병이 낫습니다. 바로 생명 자체와 막바로 연결되었기 때문입니다. 5년, 10년을 해도 변화가 없는 공부는 잘못된 공부입니다. 거기에는 에너지가 없는 것입니다. 죽은 공부라는 뜻입니다. 그림에 그려진 사과를 매일 먹으면 종이를 먹는 것이지 사과를 먹는 것이 아닙니다.

우리는 지금까지 그림에 그려진 사과만을 잔뜩 먹어왔습니다. 그러니까 깨달음과 진리는 여전히 다른 곳에 있고, 몸은 병들어 버리는 것입니다. 진짜 사과를 먹으면 금방 우리 몸에 비타민 C가 섭취됩니다. 뭔가 좋아집니다. 수련을 하면 어떤 수련이든지 한 것만큼은 반드시 좋아져야 합니다. 기가 빠진 수련, 얼이 빠진 수련은 아무 소용이 없습니다.

지금까지 그런 수행 방법이 많이 전해져서 사람들을 병들게 했습니다. 열 명이 하면 아홉 명이 깨치는 것이 아니고, 아홉 명이 병들거나 비정상적인 사람이 되는 그런 수행법들이 너무나 많았습니다. 기를 터득하는 것은 얼을 찾는 데 있습니다. 처음 단계는 기를 터득하는 단계이고 그 다음 단계는 바로 즐기는 단계입니다. 이것이 풍류도입니다.

〈삼국사기〉에서 최치원 선생은 "우리 나라에 현묘한 도가 있었으니 이것을 풍류도라 한다" 고 말했습니다. 이 풍류도 속에는 대단히 깊은 철학이 담겨 있습니다. 먹고 노는 것이 풍류도가 아닙니다. 풍류도는 삶 자체를 송두리째 즐기는 도입니다. 진정으로 즐기기 위해서는 너와 내가 하나가 되어야 합니다. 나와 온 세상이, 나와 삶이, 나와 우주 만물이 하나가 될 때 비로소 즐길 수 있는 것입니다. 그래서 예로부터 성인들은 내가 없는 상태, 무아의 경지, 내가 죽어 거듭나는 상태에 대해서 한결같이 말해 온 것입니다. 나에 대한 관념을 없애는 것은 대단히 어려운 일입니다. 그래서 어떤 사람들은 이 '나' 를 무슨 철천지 원수라도 되는 것같이 생각하면서 죽여 없애려고 토굴에서, 선방에서, 각국 명상 센터에서 땀을 뻘뻘 흘립니다. 그러나, 그렇게 해서 되는 것이 아닙니다.

이 '나' 라고 하는 작은 울타리는 큰 얼을 되찾으면 저절로 눈 녹듯이 사라져 버리는 것입니다. 그런 상태에서 찾아오는 것이 바로 풍류도입니다. 이 풍류도란 바로 이웃이 잘 되는 것을 보고 즐거워하고, 잘 되게 해 주기 위해서 노력하고, 노력한 결과가 만족스러울 때 즐기는 것입니다. 그러니까 이 풍류도 속에는 부처의 즐거움과 보살의 즐거움이 함께 깃들어 있는 것입니다.

사촌이 땅을 사면 배아파하는 것, 남이 잘 되면 속상한 것, 이것은 완전히 잘못된 것입니다. 이런 세상에 폭력과 파괴와 미움이 판을 치는 것은 너무나도 당연한 것이 아니겠습니까? 이런 세상은 사라져야 합니다. 바로 모두가 남이 잘 되는 것을 보고 즐거워할 줄 아는 세상이 되어야 합니다.

그런데 그런 세상을 종교나 철학이 만들지 못하고 있습니다. 남이 잘 되는 것을 보고 기뻐할 줄 아는 사람이 되어야 합니다. 그런데 이것이 왜 어려우냐 하면 나와 남을 구별해서 생각하기 때문입니다. 나를 닫으면(ㅁ) 남이 되는 것입니다. 나를 닫아 놓은 사람은 모두가 다 남이기 때문에 그들이 잘 되면 배가 아픕니다.

반면에 나를 그대로 열어 놓은 사람은 모두가 다 나입니다. 모두가 나이기 때문에 내가 잘 되면 기뻐할 수밖에 없습니다. 이것은 억지로 기뻐하고 애써서 마음 좋은 척하는 것과는 차원이 다릅니다. 이 공부는 기를 터득하고, 얼을 찾고 그 다음에는 즐기는 공부입니다. 이 때 세상은 바로 지상천국이 됩니다. 지상천국이 되는 데 종교가 필요하고 철학이 필요하고 책이 필요한 것이 아닙니다. 깨닫는 마음이 필요한 것입니다.

우리 나라에는 대단한 성인이 계셨습니다. 그 성인께서는 6000년 전에 이런 말씀을 하셨습니다. "너의 머리 속에는 한얼이 내려와 있고 너의 몸과 팔다리에는 천지의 신령스러운 기운이 감돌고 있다" 기를 터득한 사람은 천지의 신령스러운 기운을 느낍니다. 그리고 얼을 찾은 사람은 한얼이 머리 속에 내려와 있다는 것을 깊이 이해합니다. 그러나 기를 터득하지 못한 사람은 아무리 그가 훌륭한 학자이고 종교가이고 철학자라 해도 이 말이 무슨 뜻인지 알지 못합니다.

그분은 또한 "너희는 한얼 속에 한울 안에 한알이다"는 말씀도 하셨습니다. 이 말에 대해서 깊이 명상하십시오. 이 말 속에는 우주의 심오한 이치가, 나란 존재의 비밀이, 모든 종교의 핵심이 담겨 있습니다. 이 말 속에는 여러분이 풀어야 할 깊은 수수께끼가 담겨 있습니다. 얼은 마음입니다. 몸은 나눌 수 있어도 얼은 나눌 수도 쪼갤 수도 없습니다. 민족의 얼도 마찬가지입니다.

이 얼은 우리 전체의 본성, 시작도 끝도 없는 본체, 우파니샤드와 성경과 불경에서 말하는 모든 존재의 본래 자리, 나와 여러분이 잠시도 쉬지 않고 들락거리는 그 자리, 테두리도 없이 무한히 넓은 그 마음을 말합니다. 울은 말 그대로 울타리를 말합니다. 집에는 집의 울이 있고, 나라에는 나라의 울이 있으며 지구에는 지구의 울, 우주에는 우주의 울이 있습니다. 한울은 말 그대로 한울, 전체의 한울을 말합니다. 전체가 다 한울 안에 있다는 뜻입니다. 우리는 이러한 뜻을 알게 모르게 우리의 생활 속에서 실천해 왔습니다.

그 대표적인 것이 바로 우리가 조상에게 지내온 제사입니다. 제사라는 것에는 우리가 알고 있듯이 단순히 조상의 얼을 기리는 의미뿐만 아니라 깊은 의미와 철학이 담겨 있습니다. 그 속에는 깊은 정신을 우리의 생활 속에서 실천하기 위한 실제적인 수련이 담겨 있는 것입니다. 바로 한얼과 한울의 정신을 깨치는 수련입니다.

제삿날이 오면 가족과 친척들이 모여서 함께 머리를 깊이 숙여 절을 하면서 우리 모두가 한 뿌리 한 조상에서 나왔다는 의미를 되새깁니다. 그 뿌리와 조상은 단순히 나의 아버지, 할아버지만을 말하는 것이 아니라 우리 모두의 조상이 나오고 우주 만물이 나온 뿌리를 말합니다. 그 뿌리가 바로 한얼인 것입니다. 이 제사야말로 현실 생활에서 실제적으로 적용되는 가장 보편적인 수행 방법입니다.

조상에 대해서 다시 말해 우리가 나온 뿌리인 하늘에 대해서 절을 하면서 조상과 나와 남이 다 같이 한 뿌리임을 깊이 인식하고 또한 나의 머리 속에 내려와 있는 한얼을 깨치고, 몸과 팔다리에 신령한 천지 기운이 감도는 것만큼 아름다우며 겸손하고 좋은 것이 없습니다. '절'이란 받아들인다는 의미인 것이면서 동시에 상대방을 깊게 이해하고 느낀다는 행동입니다. 절을 통해서 우리는 천지기운을 받아들이고, 그 큰 한얼을 받아들이고, 나라는 작은 울타리를 벗어 내던지는 것입니다. 이 절이야말로 우리 몸의 기를 순환시키고 혈과 정을 바꾸고 얼을 깨치는 가장 보편적인 수행 방법인 것입니다.

이 큰 의미를 모르는 사람들이 제사지내는 것을 우상 숭배다, 미신이다 하면서 업신여기는 것입니다. 그런 사람들일수록 '자신의 조상이 누구인가, 자신이 나온 하늘이 무엇인가'를 알지 못한 채 엉뚱한 외국 조상들을 섬기며 살고 있습니다. 내 조상을 내가 안 모시면 누가 모시겠습니까? 내 조상이 없이 내가 나올 수 없으며 또한 내가 이 자리에 없으면 내 조상도 없는 것입니다. 따라서 나와 조상은 따로 떨어질 수 없습니다. 이것이 바로 한얼 속에 한울 안에 한알의 관계인 것입니다. 그리고 이 관계를 깊이 깨우치는 것이 제사라는 수행 방법인 것입니다. 나의 존재를 깊이 깨우치는 것이 제사라는 수행 방법입니다.

이번엔 한얼 속에 한울 안에 한알이라는 가르침 중에서 한알의 의미를 생각해 보겠습니다. 나의 존재는 전체이면서 또한 하나입니다. 그러나 이 하나는 홀로 떨어져 존재하는 하나가 아니라 전체와 연결되어 전체 속에서 숨쉬는 하나인 것입니다. 전체와 떨어져 있을 때 하나는 존재할 수 없습니다. 전체와 연결된 하나일 때 그 하나는 진정한 하나로서 존재할 수 있습니다.

"마음에는 시작과 끝이 없으며 모든 사람에게는 마음이 있고 그 마음을 깨친 사람이 바로 부처이다. 따라서 모든 사람은 본래 부처이며,

부처가 될 때 너와 내가 하나이며 생사가 없어지고, 이것을 아는 자는 영원한 생명을 얻을 것이다"라고 부처는 말했습니다. 이 한마디 때문에 부처는 성인으로 숭배받고 있습니다.

예수도 하늘을 말하고 신을 말했습니다. 하나님 안에 모두가 한 형제이고 한 아들이며 하나다. 그러니까 원수까지 사랑하라. 원수가 아니고 바로 나 자신이다. 공자도 하늘의 도, 천도를 말했으며 노자도 이에 질세라 "하나에서 둘이 나오고 둘에서 셋이 나오지만 결국 하나로 되돌아간다"고 말했습니다.

이 모든 성현들의 말씀이 '우리는 한얼 속에 한울 안에 한알이다' 는 한 마디로 표현됩니다. 한알로만 존재하면 울도 모르고 얼도 모릅니다. 그러니 모두가 남남입니다. 나를 둘러싼 것이 바로 남, 즉 나-암입니다. 처음에는 보호를 받을 줄 알고 나의 둘레에 울타리를 둘러쳤는데 그래 놓고 보니까 기운이 들어오지 못하고 순환이 안 되어 온갖 병이 들고 찌든 삶을 사는 것입니다. 기운이 펄펄 살아 뛰노는 어린 아이가 찌든 얼굴을 하고 있습니까? 기운이 죽어 있는 아이가 어두운 골방에 처박혀 있는 것입니다.

대부분의 사람들이 갇혀서 살아가고 있습니다. 그러면서 사랑이 없다, 진리가 없다, 생명이 없다고 한탄을 하고 있습니다. 자꾸 주위에 울타리를 치니까 그럴 수밖에 없습니다. 우리 나라의 성인께서는 세상이 이렇게 될 줄을 미리 아시고 구원될 수 있는 길을 열어 놓으셨습니다. '우리는 한얼 속에 한울 안에 한알이다' 라는 말 속에는 팔만대장

경이 다 들어 있고, 성경이 다 들어 있고, 노자 사상이 다 들어 있습니다. 또한 사서삼경과 모든 철학의 핵심이 다 표현되어 있는 것입니다. 이 말을 누가 했는가? 단군이라고 하면 정확한 표현이 아닙니다. 바로 한웅천황께서 하셨습니다.

우리는 이런 저런 공부를 많이 하면서도 그러한 성인이 육천 년 전에 나타나셨고 우리 나라의 단군조선 이전에 배달국을 세우셨고, 우리가 바로 그런 분의 피를 이어받은 후손인 것을 아는 사람이 별로 없습니다. 기껏해야 늙은 한학자나 민족주의자들만이 그런 공부를 합니다.

그러니까 우리 나라에 그 같은 성인 중의 성인이 나온 것을 모르고 외국의 성인들만 모셔다가 교회를 세우고, 절을 세워서 숭배하고 있습니다. 사명대사는 "우리 나라에는 인도의 석가모니 부처가 나오기 전에 이미 단군 부처가 나왔느니라"고 말했습니다. 깨달으면 부처인데 어찌해서 법당마다 한국 부처는 없고 외국 부처만 있습니까?

언제부터인가 한국 사람에게는 한국을 우습게 아는 풍토가 싹터왔습니다. 얼이 빠져서 얼 빠진 민족이 되어 남이 잡아 끄는 대로 이리저리 끌려다녔습니다. 뿌리가 뜨면 나무는 말라서 죽어 버립니다. '우리가 물이라면 새암이 있고 우리가 나무라면 뿌리가 있다.' 개천절 노래는 이렇게 시작됩니다. 우리 나라 사람들은 교육 수준이 높지만 자신의 뿌리를 잊고 있습니다. 뿌리가 없으면 나무도 열매도 있을 수 없습니다. 그리고 우리 민족의 뿌리에는 내가 살고, 민족이 살고, 인류가 살 수 있는 길이 담겨 있습니다.

단학의 목적

여러분은 이 세상에 법을 통하여 태어났습니다. 법 가운데 태어났고, 법 가운데 살아가고 있으며, 법 가운데 숨쉬고 있습니다.

그 법은 세상의 법이 아니고 우주의 법입니다. 우리는 그래서 그 법에서 한시도 벗어날 수 없습니다. 우주의 법칙에 의해서 태어났고 숨쉬고 있으며 그 법칙은 인간 개개인이 죽거나 살거나 영원한 것입니다. 그래서 이 법칙, 법을 진리라고 하며 생명이라고도 합니다. 법 가운데 왔다가 법 가운데 돌아가는 것입니다.

우리가 세상에 살면서 그 법이 무엇인지를 깨닫는 것을 성통공완이라고 합니다. 그리고 삶의 목적이 어디에 있느냐에 따라서 그 사람의 가치가 결정됩니다. 그런데 우리들 중에는 삶의 목적이 무엇이냐고 물을 때 자신있게 대답하는 사람이 많지 않습니다. 그래서 인간이 이 세상에 태어난 삶의 목표를 정확히 알고 그 목표가 지구상의 전체 인류에게 확산이 된다면 세상은 금방 '지상 천국'으로 바뀝니다.

인간의 삶의 목표는 단지 한 가지입니다. 진리를 알고 법칙을 아는 것을 성통공완이라고 하는데 성통공완의 목적을 가진 사람은 잠을 자거나 어떠한 행동을 할 때도 반드시 이 목적을 위해서 합니다. 성통공완이야말로 인간이 이 세상에 태어나서 사는 유일한 삶의 목적인 것입니다. 저는 이 같은 목적을 위해 사는 사람을 단학인이라고 부릅니다. 그러한 목적이 없이 단학선원에 와서 숨만 쉬는 사람은 단학을 하는 것이 아닙니다. 만일 성통공완이 목적이라고 분명히 말하는 사람이 있다면 그 삶은 단학선원에 나오지 않더라도 그 사람의 모든 생활이 단학 그 자체입니다.

그러나 우리는 대개 생의 목표를 성통공완에 두지 않고 욕망에 둡니다. 욕망은 물거품입니다. 만일 어떤 사람이 삶의 목표를 견성이나 성통공완에 둔다고 하더라도 견성이나 성통공완의 실체를 바로 알지 못한다면 그 사람의 그러한 목적은 욕망일 뿐입니다. 그러한 사람은 성통공완이라는 미신, 견성이라는 미신이나 욕망을 위해서 사는 사람이 됩니다. 그러한 사람은 단학을 하는 사람이 아니고 홍익인간의 이념을 실천하는 사람이 아닙니다.

홍익인간의 이념을 실천하려면 첫째 목표가 분명해야 합니다. 목표는 성통공완인데 성통공완이 무엇인지를 안다면 그 사람은 90퍼센트 정도 공부를 한 셈이 됩니다. 목표를 정확히 알 때 그것을 향해 갈 수 있습니다.

서울이라는 글자를 아는 것과 서울이라는 도시를 아는 것은 다릅니다. 또 서울에 가는데 서울이라는 글자를 통해서 가는 사람이 있고, 서울이라는 도시를 향해 가는 사람이 있습니다. 수많은 사람들이 수도를 한다, 깨닫는다 하고서도 글자에 매여 방황하는 사람이 무척 많습니다. 우선 성통공완이라는 글자에 매이거나 글자에서 나오는 여러 가지 빛깔에 홀리면 안 됩니다. 성통공완의 실체는 법을 아는 것입니다.

저는 인간의 본성을 알라고 말합니다. 그러나 이 말은 아무리 말해도 말일 뿐이지 저의 심정이나 깨달음이 여러분에게 고스란히 전달되지 않아 안타깝습니다. 그러나 여러분이 공부가 되면 저의 말을 듣지 않아도 저의 심정이 그대로 전달됩니다. 법은 항상 존재하기 때문입니다.

법은 눈으로 찾는 것도, 코로 냄새 맡는 것도, 귀로 듣는 것도, 손으로 만질 수 있는 것도 아닙니다. 하나의 전체가 법인데 이것을 만지려 하고, 보려 하고, 들으려 하고, 맛을 보려 하니까 부분에 빠지게 됩니다.

견성이나 성통공완이라는 글자에 빠지지 않고 그것을 하나의 전체로 느낄 수 있는 때가 다가오고 있습니다. 글자에 매여 있는 사람은 그래도 가까이 있는 사람입니다. 그 사람은 글자를 깨고 속만 바라보면 되는 사람이니까 말입니다. 그러나 아예 목표를 거기에 두지 않고 돈이나 명예에 둔 사람은 그리고 권력에 둔 사람은 인생을 사는 것이 아니고 동물적인 삶을 사는 것입니다. 동물은 욕망과 본능을 위해서 살기 때문입니다.

인간 중에도 본능으로 사는 사람이 있고 정말로 인간만이 누릴 수 있는 그런 지고한 목표와 뜻을 가지고 사는 사람이 있습니다. 단학선원에 오는 사람들은 거의 대부분 건강 문제나 깨달음의 문제로 오는 사람들입니다. 그런데 그 깨달음이란 문제 자체도 글자에 매여서 오게 됩니다.

그래서 저는 여러분이 삶의 목표를 우선 성통공완에 두기 바라고, 그 다음에 성통공완의 실체를 말로써가 아니라 몸으로 느끼게 되기를 바랍니다. 성통공완을 목적으로 하는 사람을 우리는 구도자라고 합니다.

도를 구하는 자도 직업이 있습니다. 그도 먹고 살아야 합니다. 그러나 삶의 목적이 구도에 있기 때문에 그 사람의 직업은 성통공완을 이루기 위한 수단에 불과합니다. 생활이 목적이 아니라 성통공완을 이루기 위한 방편으로서 생활을 합니다.

우리 나라는 원래 성인이 세운 나라입니다. 깨달은 분이 세운 나라입니다. 깨달은 사람은 밝은 사람을 뜻합니다. 부처를 가리키는 '부다' 라는 말은 원래 우리 나라 말입니다. 밝다, 환하다를 뜻하는 말입니다. 그러니까 환한 사람은 다 부처를 말합니다. 깨달은 사람을 부처라고 합니다.

또한 하느님을 신앙화하는 종교가 기독교입니다. 그런데 우리 나라는 원래부터가 하느님을 떠받드는 경천 사상을 가진 나라입니다. 하늘을 숭배하는 사상을 가진 나라입니다. 그런데 많은 사람들이 우리 나라는 기독교가 전파되면서 하느님을 숭배하는 신앙이 들어온 것인 줄 착각하고 있습니다.

또한 우리 나라는 삼신三神 중의 한 분이신 한웅천왕을 신불이라고 했습니다. '신불' 즉 신이 밝은 천황을 뜻합니다. 그런데 많은 사람들이 부처의 시작이 인도인 줄 알고 있습니다. 우리 나라는 인도에 부처가 있기 전부터 신불이 있었던 나라입니다.

서산대사는 인도의 부처를 가리켜 '가불'이라고 했습니다. 가짜 부처라는 뜻입니다. 왜냐하면 인도로부터는 상으로 만든 부처, 돌로 만든 부처가 왔기 때문입니다. 그래서 누가 "그러면 신불은 누구입니까?"하니까 신불은 우리의 몸 안에 있는 것이 신불이라고 했습니다. 우리의 몸 안에 있는 정신이 밝으면 신불이 됩니다.

우리 나라는 이와 같이 불교가 있기 전에 신불이 있었고 기독교의 여호와가 있기 전에 하느님이 계셨으며, 전세계에 하나밖에 없는 성인이 세운 나라입니다. 그렇기 때문에 우리 나라는 홍익인간 이화세계라는 훌륭한 건국 이념이 이어져 왔던 것입니다.

지금까지의 세계 역사는 땅따먹기의 역사, 지배의 역사였으나 우리 나라의 건국 이념은 지배하는 것이 아니라 홍익인간, 성통공완의 이상을 보급하는 것이었습니다. 우리 나라는 전 인류를 널리 이롭게 하기 위해 세워진 나라입니다.

현재는 미국도 국가주의입니다. 국가의 이익을 위해서는 무슨 일이든지 합니다. 일본은 제국주의, 군국주의였습니다. 영국도 마찬가지입니다. 우리 나라의 건국 이념인 홍익인간, 이화세계의 이理자는 이치이입니다. 따라서 홍익인간 이화세계는 모든 나라에 이러한 이치가 통하는 세계를 만들자는 뜻입니다. 이화세계의 뜻은 깨달음으로써 사는 세계를 만들자는 것입니다. 조화를 이룬 세계, 이치가 환해진 세계, 이치가 밝게 통하는 세계가 이화세계입니다.

우리 나라는 현재 민주주의를 표방합니다. 현재 세계는 크게 민주주의와 공산주의로 나뉘어져 있습니다. 공산주의는 비인간적인 집단입니다. 공산주의 국가에는 여러분이 알다시피 '살부회' 라는 것이 있습니다. 아버지가 당을 비판하면 아들이 고발합니다. 그러면 그 사람은 일등 당원으로 인정받습니다. 인간성과 도덕성이 말살된 집단입니다.

또한 미국의 민주주의는 한 가지 사실만으로도 그 병폐를 알 수 있습니다. 이혼률이 50퍼센트로 두 쌍이 결혼하면 한 쌍은 이혼을 합니다. 그러면 그런 곳에서 무슨 가정 교육이 되겠습니까? 그 나라 사람의 대부분은 오로지 인간의 욕망을 자유롭게 채우기 위해서 살고 있습니다. 그럴 때의 그런 자유는 인간의 자유가 아니고 동물적인 자유라고 볼 수 있습니다.

단학은 이화세계를 이루기 위한 지름길입니다. 신선이 되기 위한 것이 목적이 아니고 이화세계가 목적입니다. 개인적으로는 성통공완이 목적이지만 전체로는 이화세계가 목적입니다. 그러니까 개개인의 성통공완 자체는 중요한 것이 아닙니다. 성통공완이 이루어진 세계, 홍익인간의 이념이 실천된 사회, 이화세계가 이루어진 사회가 단학의 목적입니다. 그러니까 이것을 모르는 한 개인의 견성, 성통공완은 착각이요, 의미가 없는 것입니다.

여러분이 단학을 할 때 "나는 수도가 안 된다"고 하는 사람이 있습니다. 목표를 오백 원에 두면 그 이상은 늘지 않습니다. 목표를 크게 가지면 그 때는 조화가 이루어집니다. 그래서 수도를 할 때 '내가 하나를 알면 남에게 베풀자' 하는 자세여야 합니다. 내가 백을 안 다음에 넘치면 베풀자 하는 자세는 안 됩니다.

그 동안 많은 사람들이 수도의 길을 걸었지만 실패하고 허송 세월을 한 것은 이와 같은 성통공완의 참의미를 알지 못해서입니다. 그래서 성통공완, 홍익인간, 이화세계는 삼위일체입니다. 따로 따로가 아니라 하나에서 나온 것입니다. 성통공완을 하겠다는 사람이 홍익인간의 이념, 이화세계 건설의 목적이 없다면 그 사람은 성통공완을 하려는 사람이 아닙니다. 또한 이화세계를 이루려는 것과 돈과 권력은 관계가 없는 것입니다. 돈과 권력을 추구하다 보면 사람들을 마비시키고, 집단화시키고, 구속시켜서 구도의 길을 방해하는 작용만 하게 됩니다. 여러분은 기 공부를 열심히 해야 합니다. 기 공부는 대맥과 임독을 유통하는 것입니다. 이 공부가 왜 중요하냐 하면 자기가 자기 자신을 지배할 수 있는 능력을 기르는 것이기 때문입니다. 여러분이 개인적인 집착에서 멀어지고 홍익인간 이화세계의 공심公心을 가지게 되면 마음의 안정을 갖게 됩니다.

그러면 기 공부는 저절로 됩니다. 집착에서 벗어나지 못하면 기 공부가 어렵습니다. 기 공부가 따로 있고, 마음 공부가 따로 있는 것이 아닙니다. 기를 주관하는 것은 마음이므로 마음이 열리고 자유로워져야 기 공부도, 마음 공부도 되는 것입니다. 마음이 곧 기요, 기가 곧 마음입니다. 이 공부는 또한 남을 위해서 하는 것이 아니라 나 자신을 위해서 하는 것입니다. 남을 이롭게 하는 것이 나도 이롭게 하는 것입니다. 하느님은 곧 마음입니다.

하느님이 따로 계시고 하늘이 따로 있고, 마음이 따로 있는 것이 아닙니다. 또한 신불이 따로 있고 부처가 따로 있는 것이 아닙니다. 하나입니다. 저는 그것을 여러분에게 알려 주려고 하는 것이고 여러분더러 주위 사람에게 그것을 알려 달라고 부탁하는 것입니다.

여러분이 확신이 좀 부족하더라도 주위 사람에게 이것을 보급할 때 천지기운이 들어오게 됩니다. 해 보면 알게 됩니다. 이 공부는 앉아서 하는 공부가 아닙니다. 성통공완을, 수도를 통해서 하겠다고 하는 사람은 가만히 앉아서 자전거를 타겠다고 하는 사람과 같습니다. 자전거를 배우려면 무릎이 깨져도 올라 타 보아야 합니다. 자전거를 타는 것은 바로 수도 생활입니다. 수도와 생활은 같이 해야 합니다.

인류 정신을 창조하자

기氣라는 것은 물과 같아서 들어오고 나가는 것입니다. 기는 잘못 쓰면 건강을 해칩니다. 기는 축기하는 것도 중요하지만 운용하는 것도 아주 중요합니다. 그러니까 수련을 어느 정도 했을 때는 상당히 좋았는데 다시 나빠졌다고 하는 사람은 틀림없이 기의 운용을 잘못한 사람입니다. 오늘은 여러분들이 기를 어떻게 관리할 것이고 잘 운용할 것인지에 대해 생각해보기로 하겠습니다.

우리의 몸 속에는 정精, 기氣, 신神이 있습니다. 그리고 마음이라는 것이 있는데 이것은 볼 수도 없고 들을 수도 없고 만질 수도 없습니다. 그러나 이 마음은 모든 것을 창조하는 근본이 됩니다. 글자풀이를 해보면 정精이라는 것은 쌀 미米라는 글자 옆에 푸를 청靑이라는 글자가 있는 것입니다. 쌀은 지기地氣를 즉 음식물을 대표하는 것입니다. 지기를 입으로 먹고 코로 천기天氣를 들이쉬어서 몸에서 생기는 핵이 정입

니다. 그러니까 정은 생명이 있는 곳이면 다 있습니다. 사람, 동물에게
도 있고 식물에게도 있습니다.

쌀이 누룩이 되고 술이 되려면 시간이 걸리듯이 기氣는 쌀米 위에서
지기가 어느 정도 시간을 두고 활동하는 모습을 그린 것입니다. 즉 쌀
미米라는 글자 위에 있는 기라는 글자의 모양은 바람이 흐르는 여러 가
지 동작을 그린 것입니다. 그러니까 기운을 쓰는 것입니다. 기는 움직
이고 순환하는 것이기 때문에 기가 막히면 죽습니다. 그 기는 지기를
뜻합니다. 그러니 '정이 막히면 죽는다' 고 하지 않고 '정이 약하면
죽는다' 고 말합니다.

우리가 평상시 쓰고 있는 말 중에는 깊은 뜻을 담고 있는 말이 많습
니다. 그러면서도 우리는 그것을 잘 모릅니다. 기는 흐르는 것이기 때
문에 기가 돌지 않고 가만히 있으면 죽습니다. '기가 막히면 죽는다'
는 말을 우리는 많이 하고 있습니다. 우리의 건강도 마찬가지입니다.
기가 관절에서 막히면 관절염이 옵니다. 기는 주로 관절에서 막힙니
다. 기가 완전히 막히면 아주 질식을 하고 기절을 하게 됩니다. 기가 막
혔다는 것은 완전히 막힌 것이 아니라 조금 막혔다는 것이고 기절했다
는 것은 기가 완전히 막혔다는 것입니다. 우리가 평상시 쓰는 말 중에
는 기에 대한 말이 굉장히 많습니다.

그 기 위에는 신이 있습니다. 신은 지기와는 관계가 없습니다. 신神
은 보일 시示와 납 신申이라는 글자로 이루어졌습니다. 납 신申은 해日
를 뚫은 것입니다. 신은 광명의 상징인 태양을 뚫듯이 바라본 것입니

다. 그러니까 '저 사람은 아주 신통하다' 고 할 때의 '신통' 은 신이 통했다는 뜻입니다.

여러분은 이 수련을 하면서 우선 정, 기, 신이 무엇인지 알아야 합니다. 모르면 응용을 못 합니다. 여러분 중에서 '이 수련을 할 만큼 했는데 그만한 효과가 없다' 고 말하는 사람에게는 두 가지 이유 중 한 가지의 원인이 있기 때문입니다. 한 가지는 원래 정이 약해서 그 정이 생기는 데 시간이 걸리는 경우이고 또 한 가지는 정이 충만한데도 신을 사용하지 못해서 즉, 정신 집중을 하지 못하는 경우입니다. 이 두 가지 이유밖에는 없습니다.

이것은 이론이 아니고 근본 원리이고 법입니다. 그러니까 누구에게나 적용됩니다. 누구나 하면 좋아지게 되어 있습니다. 정이 충만해지고 기가 장해지고 신이 밝아지게 됩니다. 그 다음에는 몸을 활용해야 합니다. 몸이 건강한데도 할 일이 없고 직업이 없는 사람은 몸이 병들어서 누워 있는 사람보다 더 고통스럽습니다. 사람이 신이 밝아지면 그 다음에는 삶의 목적을 알고 일을 하려고 합니다.

모든 운동의 법칙을 보면 반드시 구심점이 있고 목표가 있습니다. 힘을 쓸 때 목표가 없으면 힘을 쓸 수가 없습니다. 삶의 목표를 찾아야 됩니다. 정충기장신명精充氣壯神明의 목표가 없으면 신은 어두워지고 기는 탁해지며 정은 생기지 않습니다. 삶의 바른 목표를 세운다는 것은 바로 그 사람이 밝아진다는 것을 뜻합니다. 목표가 얼마만큼 밝으냐 얼마만큼 바르냐에 따라서 그 사람의 가치가 결정됩니다. 그 사람의 신과 기가 어떤 목적을 향해서 쓰여지느냐가 가장 중요한 것입니다.

저는 여러분이 눈을 번쩍 뜨게 되기를 바랍니다. 어떤 눈입니까? '참나'는 배워서 아는 것이 아니고 관념에서 벗어남으로써 아는 것입니다. 부끄럽다든가 이상하다고 생각하는 것이 바로 여러분을 싸고 있는 울타리요 철창입니다. 여러분에게는 자연의 소리를 들을 수 있는 능력이 있습니다. 그리고 아름다움을 여러분의 몸을 통해서 표현할 수 있는 능력이 있습니다. 그런데 그 아름다움을 '표현하려' 하니까 어색한 것입니다. 그 아름다움은 저절로 '표현되어지는' 것입니다.

우리 나라 말 중에 '뒈진다', '뒈져라'는 말이 있습니다. 이것을 욕으로 아는데 사실은 '본래대로 되어라', '땅에서 태어났으니까 땅으로 돌아가라'는 뜻입니다. 그러니까 욕이 아닙니다. 원래 풍류라는 것은 만드는 것이 아닙니다. 그래서 서예도 무술도 음악도 극치를 이루면 자기의 본체가 나타납니다. 무의식 상태에 들어가야지만 참이 나오는 것입니다.

단학 수련을 깊이 하는 사람이 그림을 그리면 자기가 생각하지 않은 그림이 나오는 수가 있습니다. 사람을 그리면 그 사람의 마음이 나옵니다. 토끼 같은 마음을 가진 사람을 그리면 토끼가 그려집니다. 호랑이 같은 마음을 가진 사람을 그리면 호랑이가 그려집니다. 영파로 그런 에너지를 받기 때문입니다.

또 음악하는 사람이 이 수련을 하면 놀랄 만한 경지로 뛰어오르게 됩니다. 원래 잘하는 사람은 배워서 하는 것이 아니라 본능으로 하는 것입니다. 무술도 무아의 경지에 들어가야 합니다. 예술도 마찬가지입니다. 그러한 것이 나오려면 관념에서 벗어나야 합니다. 그러면 완전한 자유로움을 얻게 되기 때문입니다.

거의 대부분의 사람이 만유인력의 능력을 가지고 있습니다. 아픈 환자는 자기의 손이 아픈 곳으로 가서 주무르게 됩니다. 또 거기에서 좀 더 발달하면 자기의 손이 아픈 환자의 몸에 가서 아픈 곳을 지적해냅니다. 그것은 기본 단계에서 일어나는 현상입니다.

마음이 맑아지면 대화의 상대가 실제로 말을 하지 않아도 그가 무엇을 말하려 하는지 알 수 있습니다. 원래 말에는 두 가지가 있습니다. 사람의 말이 있고 자연의 말이 있습니다. 성경에 보면 '태초에 말씀이 있었느니라'는 말이 있습니다. 말의 쓰임이 있었다고 했습니다. 우리는 얼굴을 보고서 그 사람이 말하려는 것을 알 수 있습니다. 에너지가 표현된 것이 말이므로 그것을 직감적으로 느끼는 것입니다.

그런데 말은 완전한 것이 아닙니다. 우리가 쓰고 있는 화폐와 어음 중에서 말은 어음에 불과한 것입니다. 진짜 화폐는 우리의 얼굴 모습, 기운인 것입니다. 그래서 말도 부도가 많이 나옵니다. 거기에 한 단계 더 나쁜 화폐가 글입니다. 말이 없는 그 말이 진짜인 것입니다. 그렇기 때문에 말을 하지 않는 사람은 거짓말을 하지 않습니다. 사기꾼이 없습니다. 말을 하는 사람 중에 사기꾼이 있는 것입니다. 말이 있음으로 해서 진짜 원형질이 많이 바뀌어집니다. 이것이 글로 전해지면서 더 문제가 생깁니다.

그런데 요즈음은 복잡하다 보니까 말을 믿는 세상이고 글을 믿는 세상입니다. 그래서 부도가 많이 납니다. 기운을 볼 수 있어야 됩니다. 그러면 환자는 무엇입니까? 기가 고장난 사람입니다. 정신이 고장난 것입니다. 요즈음 병원에서 왜 환자를 못 고치느냐 하면 몸뚱이만 보기 때문입니다. 몸뚱이는 정신에 지배당하는데 정신은 보지 못하고 몸만 보고 있습니다. 그래서 '단학은 의학 중의 의학이고 예술 중의 예술이고 종교 중의 종교이다' 라고 말합니다. 원래 단학은 말과 글로 하는 것이 아닙니다. 그래서 아예 말로 전해지지 않았습니다. 말로 전해지는 것은 부도 어음이기 때문입니다.

여러분, 단학을 책으로 배우겠습니까? 절대 배우지 못합니다. 달달 외운다고 해서 되는 것이 아닙니다. 덕지덕지 페인트칠만 하고 있는 것입니다. 성경을 모두 외운다고 해서 그 사람이 예수같이 되는 것이 아닙니다. 불경을 달달 외운다고 해서 그 삶이 부처와 같이 되는 것이 아닙니다. 그런데도 요즈음은 지나치게 말과 글을 신봉합니다.

'태초에 말씀이 있었느니라' 하는 하늘의 말씀은 바로 자연의 현상을 뜻합니다. 병든 사람 옆에 오래 있으면 병에 걸리기 쉽습니다. 글에 매이고 관념에 매이면 아무리 씹고 먹어도 영양분이 없어지게 됩니다. '사과' 라는 글자와 사과의 그림을 먹을 것입니까? 사과를 먹읍시다. 여러분의 영혼이 건강해지기 위해서는 바로 우주의 진리와 맞닿아 있어야 합니다. 그 에너지를 계속 받아야 합니다. 거울이 있고 태양이 있습니다. 여러분은 바로 거울입니다. 그 거울을 둘러싼 것이 있습니다.

그것이 바로 관념입니다.

우리 민족은 원래 천민天民으로서 하늘의 자손이었고 관념이 없었습니다. 그 후로 화폐가 바뀌어 당좌, 자기앞수표, 약속어음까지 쓰는 바람에 어음 쪼가리만 쌓였습니다. 어음 쪼가리가 바로 글입니다. 그런데 요즈음은 세상 사람들이 살아 있는 말보다 서류나 글을 중요시합니다. 거기에 매달려 있습니다.

여러분이 정상인이 되는 것은 어려운 일이 아닙니다. 아예 '도인이 된다', '도통하게 된다'고 생각하지 말고 정상인이 된다고 생각하십시오. 단학은 정상인이 되는 공부이지 비정상인이 되는 공부가 아닙니다.

단학은 정상인이 되는 데 목적이 있습니다. 그러므로 여러분은 항상 자기 마음에 무슨 때가 끼었는지를 살피며 거울을 닦듯이 마음을 닦으십시오. 때는 생각, 관념을 말합니다. 그런데 이런 것들은 보이지 않기 때문에 손으로 닦을 수가 없습니다. 그러면 어떻게 닦습니까? 신을 밝게 하는 수밖에 없습니다. 그리고 목표를 정해서 기와 신을 활용하는 것입니다. 그리고 이러한 과정이 계속해서 이루어지게 해야 합니다.

그래서 에너지 관리를 잘해야 합니다. 기운이 세다고 해서 너무 쓰면 탈기 현상이 일어납니다. 그렇다고 너무 쓰지 않으면 썩어 버립니다. 여러분에게 빨리 핵을 알려 주고 싶어서 제 나름대로 여러 가지 어음을 쓰지만 어음으로 쓰자니 답답합니다. 저를 보면 척 알 수 있다면 좋겠습니다. 부디 여러분의 영혼이 밝아져서 여러분의 밝음이 세상을 환히 비추어 주시기를 바랍니다.

생의 목적이 액세서리나 관념에 있는 것이 절대 아닙니다. 요즈음 학생들은 '시험이 인생의 전부냐?'고 합니다. 시험뿐이 아니고 명예도, 결혼도, 출세도 인생의 전부가 아닙니다. 그것들은 껍데기이기 때문에 시간이 지나면 다 떨어져 나갑니다. 다 떠나버리고 본체만 남습니다. 그 본체를 움켜잡고 생각을 해야지 가짜에 매달려서는 안 됩니다.

제 말을 이해하는 사람도 있고 '이게 무슨 소리인가?' 하는 사람도 있습니다. 왜 그렇습니까? 너무나 관념에 깊이 빠지면 이해가 되지 않습니다. 거부 반응이 일어나 자꾸 비판을 하려고 합니다. 제가 하는 말은 사상이 아니고 관념이 아니니까 그냥 그대로 들어야 합니다. 여러분의 마음을 활짝 열어 놓아야 합니다. 그러면 여러분이 즉석에서도 저와 하나가 될 수 있습니다.

저는 단전 호흡을 하루도 배운 적이 없습니다. 현묘지도玄妙之道에 의해서 저의 입으로 나오는 것이 다 방법이 되고 있습니다. 그것은 제가 핵을 보았기 때문에, 정신이 밝아졌기 때문에 가능한 것입니다. '어느 날 갑자기' 그렇게 되었다고 말할 수도 있습니다. 물론 그렇게 되기까지 많은 세월을 방황했지만 신이 밝아지고 나서는 본 대로, 느낀 대로 말하는 것뿐입니다. 그렇기 때문에 저의 강의는 준비가 없습니다.

제가 어떻게 반응을 보일지 저도 모릅니다. 여러분 중에 아픈 사람이 있다면 저의 손이 그 곳으로 갈지 모릅니다. 여러분의 영혼이 저를 부르면 저의 손이 갑니다. 여러분의 영혼이 고쳐 주기를 원해야 되지 생각으로만 고쳐 주기를 원하면 저의 손이 가지 않습니다. 왜냐하면 진실해야 하기 때문입니다. 여러분의 몸 속에서 그 기운이 풀려 나오면 저의 기운이 동합니다. 저는 정靜 중에 항상 동動하고 있습니다. 여러분도 그 이치를 아시기 바랍니다. 이러한 이치에 도달하기 위한 방법은 수천 가지가 있지만 방법에 매인 사람은 절대로 진리에 도달할 수 없습니다. 단지 수행으로만 가능합니다. 한두 달로 되는 것이 아닙니다. 열심히 하십시오.

여러분은 우선 '단학' 과 '단학인' 책을 세 번 이상 읽기 바랍니다. 그 책들은 여러분이 빨리 관념을 청산하도록 도움을 줄 것입니다. 읽어 보면 읽어 볼수록 느낌이 다를 것입니다. 이 책들은 이 책 저 책에서 베낀 것이 아니고 모든 동작이 다 현묘지도에 의해서 마음으로부터 우러 나오는 것을 쓴 것입니다. 여러분이 그 책을 자꾸 읽음으로써 관념으로부터 서서히 해방되면서 내가 왜 단학을 하고 무엇을 위하여 살 것인지에 대해 서서히 알게 될 것입니다.

그러니까 처음에는 관념으로 보게 되지만 두 번, 세 번 다시 보면서 원래 본의를 파악하게 됩니다. 적어도 세 번은 봐야 여러분의 마음이 열릴 것입니다. 그런 정성을 가져야 합니다. 그리고 나서 네번째 읽으면서 처음 보는 마음으로 다시 보십시오. 그러는 동안 여러분의 영혼이 저와 하나가 될 수 있습니다.

우주의 본질과 여러분의 본질이 한 이치임을 알아서 단학의 '한' 정신을 이룹시다. 단학을 보급하는 이유는 개인의 완성에 있지 않습니다. 지금 인류에게는 인류의 정신이 없습니다. 민족에게는 민족의 정신이 있고 국가에는 국가의 정신이 있고 가정에는 가정의 정신이 있는데 인류에게는 인류의 정신이 없습니다. 인류의 정신을 드러내야 합니다. 인류의 정신이 창조되어야 합니다. 정신의 대혼란 상태에서 인류 정신의 화폐를 만들어야 합니다.

현대 질병의 80퍼센트 정도가 심인성 질환이라고 합니다. 그것은 바로 목표를 찾지 못하고 방황하는 사람이 그렇게 많다는 뜻입니다. 정과 기와 신이 바르다고 해도 목표를 못 잡으면 질서가 깨지게 되고 그러한 상태가 바로 병으로 나타나는 것입니다. 더 정확히 말하자면 80퍼센트가 아니고 90퍼센트가 넘는 사람들이 자기를 모르고 삽니다.

우리 나라가 세계의 정신 지도국이 된다고 많은 사람들이 말하고 있는데 정신 지도국이 되려면 이 민족의 정신에 대해서 잘 알아야 합니다. 그러기 위해서는 여러분들의 신이 밝아져서 스스로 몇 번씩 껍질을 벗어야 합니다. 여러분은 알게 모르게 관념의 노예가 되어 있습니다. 그 관념이 몇 번 벗겨져 나가 여러분의 실체가 드러나야 됩니다. 그 관념은 그 동안 배운 교육, 습관, 사회 환경 등으로 여러분을 감싸고 있습니다. 이 수련을 한두 달 하고 진동을 하게 되면 수련을 다 한 것으로 알고 더 배울 것이 없다고 하면서 떠나는 사람을 보게 되는 것은 가슴 아픈 일입니다. 좋은 인연을 만나서 수련하게 되었는데 진동을 한다고 나가 버리면 되겠습니까? 진동은 시작에 불과합니다.

앞으로 좋은 세상이 옵니다. 그리고 여기 계신 분들이 아마 그 좋은 세상을 이끌어 나갈 주인공이 될 것으로 생각하고 있습니다. 그러니까 각자 자기를 고귀하게 생각하십시오. 스스로를 고귀하다고 생각하지 않으면 누가 여러분을 귀하게 생각하겠습니까? 그리고 정신을 찾아서 자기의 본체를 깨달아서 목적을 바로 세우고 '한' 정신이 인류의 정신이 될 수 있도록 합시다.

단학에서 배우는 것은 어떤 사상이나 관념이 아닙니다. 실체가 밝아지는 것입니다. 그리고 밝은 눈으로 보라는 것을 강조합니다. 우리 나라는 우리 나라 나름대로 밝게 보아야겠고 외국은 외국 나름대로 해야 합니다. 그 사람들에게 무엇을 가르치겠다는 말이 아닙니다. 그래서 현묘지도입니다. 너와 내가 하나인 것을 보게 되고, 구심점, 핵을 바라보게 될 때 이 세상은 이화세계가 건설되고 새로운 질서를 찾게 됩니다.

액세서리에 매달리다 보니까, 염색이 되니까 실체가 보이지 않습니다. 실체를 보는 것은 어떤 종교의 힘으로도, 과학의 힘으로도 불가능합니다. 너와 내가 모두 밝아져서 핵을 봐야 합니다. 지금은 어떤 상태인가 하면 불을 꺼 놓고 쌀과 보리가 섞인 곳에서 쌀과 보리를 구별하는 격입니다. 그리고 제각기 자기 판단이 옳다고 우기고 있습니다. 불이 확 들어오면 '이것이 쌀이다, 보리다' 하면서 끝까지 싸울 필요가 없습니다.

어떻게 하다가 하나를 잡으니까 그것을 '쌀이다', '보리다' 하면서 우기는 것입니다. 그리고 그것이 진리라고 해서 목숨까지 바치는 것입니다. 캄캄하기 때문에 다 믿으라고 하는 것입니다. 과학은 그래도 솔직합니다. 과학은 분석해서 공통점을 찾습니다. 그래서 과학이, 과학 중에서도 신과학 운동이 활발하게 벌어지면서 많은 사람들이 자기의 눈과 귀가 자기 자신이 아니고 별을 바라볼 수 있고 소리를 들을 수 있는 도구에 불과하다는 것을 알게 될 것입니다.

아주 중요한 말입니다. 생명을 말하는 것입니다. 본체를 말하고 있는 것입니다. 이것은 이야기만으로는 알 수 없고 실제로 자기가 느껴야 됩니다. 그러기 위해서는 여러분의 신이 밝아져야 됩니다. 신이 밝아진 사람을 신불神佛이라고 합니다. 신이 밝아지면 고민이 없습니다. 모든 것을 다 알고 나면, 이치를 알고 나면 고민이 없어집니다. 그 사람을 단학인丹學人이라고 합니다. 풍류객이라고도 합니다.

중국이 선도의 발상지인 것 같지만 중국에는 풍류도라는 것이 없습니다. 풍류객이라는 말은 우리 나라 고유의 명칭입니다. 그래서 저는 도인이나 성인보다는 풍류객이 되고 싶습니다. 매이지 않고 흘러다니며 우주와 함께 하나가 되어 사는 풍류객이 되고 싶습니다.

지금 우리의 시대는

지금 우리는 아주 혼란한 때에 살고 있습니다. 가치관의 혼란 속에서 어떻게 사는 것이 옳은지, 어떻게 살아야 하는지를 몰라 많은 사람들이 방황하고 있습니다.

한문화원은 종교 단체가 아니고 구도 단체입니다. 종교 단체는 파가 있으나 구도 단체는 파가 없습니다. 왜냐하면 도는 하나이고 원래부터 있었던 것이나 깨달은 사람이 도를 알려 주는 과정에서 수많은 종교가 생겼기 때문입니다.

우리 나라에서는 수많은 종교가 들어와 있고 또 수많은 종파가 있습니다. 원래 성인들이 펴고자 했던 뜻과는 달리 무수한 종파가 형성되어 서로 불화하고 있습니다. 십자군 전쟁을 예로 보더라도 수많은 생명이 사랑과 신앙의 이름으로 죽어간 것을 역사를 통해서 알 수 있습니다.

현재도 우리는 노사 간의 문제 등 여러 가지 문제로 많은 투쟁을 벌입니다. 의식주를 해결하기보다는 사상의 문제, 정신의 문제로 더 많은 투쟁을 벌이고 피를 흘립니다. 정신의 문제가 해결되지 않고서는 투쟁과 불행은 그칠 사이가 없는 것입니다.

그래서 저는 에너지 관리 공단과 같은 정신의 관리 공단이 필요하다고 생각합니다. 에너지는 어떻게 하면 절약하고 어떻게 하면 효과적으로 배급하느냐에 대해 여러 가지 연구가 되고 있지만 정신의 문제는 전혀 통제가 되지 않는 것이 문제라고 생각합니다.

지금은 바로 에너지 관리 시대에서 정신 관리 시대로 넘어가는 시기입니다. 일 년은 365일이고 우주에는 절기가 있는데 우주의 흐름을 크게 볼 때 봄, 여름, 가을, 겨울의 시기가 있습니다.

봄의 시대는 바로 물질 문명이 시작되기 전 단계로 천동설에서 지동설로 바뀌기 이전의 시대이며 바로 천동설이 통하던 시대를 말합니다. 처음에는 지구가 도는 줄도 몰랐고 멀리 가서 떨어져 죽는 줄 알았습니다.

천동설에서 지동설로 바뀜으로써 엄청나게 빠른 속도로 물질 문명이 발달하는 여름의 시기로 접어들었습니다. 대륙이 발견되고 모든 사람이 원했던 비행기가 발명되어 축지법이 사용되고, 전화가 발명되어 천이통이 사용되고, TV가 나와서 천안통이 열리고 상대방의 신용을 알 수 있는 주민등록 카드와 신용 카드가 컴퓨터로 전산 처리되어 나옴으로써 타심통이 열리게 되었습니다. 그러나 마지막 하나가 안 되고 있는데 도통하게 되면 상대방을 속일 수 없게 됩니다.

도란 무엇입니까? 도는 거래입니다. 도인은 구름을 타는 사람이 아니고 모든 이치를 밝게 하고 사람들의 관계 속에서 상대방을 이롭게 하는 사람입니다. 거래의 질서와 거래의 원리를 깨달은 사람입니다. 요즈음 산에 가서 아직도 축지법을 하겠다는 사람이 있는데 그것은 어리석은 짓입니다. 영계에서는 사상의 문제, 종교 문제의 시비는 모두 끝났으며 그러한 논쟁은 할 일 없는 어리석은 사람이 하는 짓입니다. 천지는 동근으로 뿌리가 하나입니다. 삼라만상은 한에서 나왔으며 한으로 돌아가고 원래 시비가 없는 것입니다.

한문화 운동은 바로 전체 완성을 위한 운동이며 여러분은 바로 한문화 운동에 동참하는 식구들입니다. 단학은 개인 완성을 위해 하는 것이며 한문화 운동은 전체 완성을 위해 하는 것입니다. 개인만 완성되는 것은 의미가 없습니다. 성통은 단학의 원리를 깨닫는 것으로 바로 거래의 원리를 말합니다. 거래에는 친구 간·부자 간·애인 간·사장과 사원 간 또 천지 간의 거래의 질서와 거래의 원리가 있습니다.

어떤 사람은 하늘에서만 기가 내려오는 줄 아는데 땅에서도 기가 올라갑니다. 그것을 수증기라 합니다. 수증기가 올라가서 비가 내리는 것입니다. 수증기가 올라가서 정확히 비가 내리듯이 사람들의 관계가 밝아지면 속일 것이 없습니다. 부동산이 날뛰는 이유는 속일 것이 많기 때문입니다.

밝은 사회는 마음이 밝은 사람들에 의해 이루어지며 그러한 사람들

212

이 공동체를 형성하게 되면 공동체에 의해 전체 사회가 밝게 되어 갑니다. 그런 이유에서 정신 세계의 문제가 빨리 해결되어야 합니다. 물질 문명이 발달한 시기는 여름이며 꽃이 만발한 계절입니다.

그러고 나면 서리가 내리는 가을로 접어들게 됩니다. 이 때 열매 맺지 못하는 씨는 시들어 떨어져 버리게 됩니다. 지금은 가을의 절기로 접어들었습니다. 서리가 내릴 때는 비양심적인 권력가는 힘을 못 쓰게 됩니다. 또 전에는 돈만 있으면 편하던 사람이 이제는 오히려 없는 것이 편하다고 말을 합니다.

서리가 한번 내리면 꽃은 떨어지나 열매를 맺은 꽃, 양심적인 꽃은 살아 남을 수 있습니다. 이제는 꽃의 시대, 물질의 시대에서 가을의 시대인 양심의 시대로 넘어가는 과도기여서 사람들이 정신을 못 차리고 있습니다. 여름의 시대에 꽃이 피기 위해서는 도덕의 옷, 양심의 옷을 활짝활짝 벗어야 하므로 도덕이나 양심을 찾는 사람은 오히려 살 수 없었으나 지금은 양심의 옷, 도덕의 옷을 입지 않으면 감기에 걸리게 됩니다.

지금은 가을의 시대입니다. 가을의 시대는 마음 공부를 해서 도덕의 옷과 양심의 옷을 입고 열매를 맺을 시기입니다. 물질이 아니고 정신의 시대입니다. 진리는 하나의 원리이며 심은 대로 거두게 되는 것이며 그것이 또한 건강의 원리입니다. 우주의 건강 원리는 공전과 자전의 원리, 구심력과 원심력의 원리이며 그것은 사랑을 바탕으로 이루는 것이 공식입니다.

물리학적으로는 이렇게 표현되는 것을 문학적으로는 인과응보의 법칙, 인연의 법칙 또는 심은 대로 거둔다고 표현합니다. 인간의 구원은 이 원리에 따라 있게 되는 것으로 예수님도, 부처님도 도와 주지 못합니다. 죄 지으면 벌 받는 것 외엔 다른 방법이 없고 그분들은 단지 예방할 뿐입니다. 사고가 났는데 예수님, 부처님을 부른다고 되는 것이 아닙니다.

이제 정확하게 가을이 되었고 심판 받게 되었습니다. 지금도 심판이 내리고 있습니다. 가을이 되면 병에 의해 심판 받게 되며 병에는 정의 병, 기의 병, 신의 병이 있습니다. 기의 병은 약으로 고쳐지나 신의 병은 약으로 고쳐지는 것이 아닙니다.

신에서 오는 병이냐 기에서 오는 병이냐 정에서 오는 병이냐를 알려면 우주 건강의 원리를 알아야 하고 신명계, 영계, 현실계를 전부 알아야 합니다. 그래서 열심히 수련하여야 하며 밝은 마음으로 공부하는 사람은 하늘에서 글을 받게 됩니다. 글자의 내용대로 그 사람의 공부한 급수가 따라 나오게 되는데 자신은 그 의미를 모릅니다.

공부하다 무슨 글인지 모를 때 저에게 와서 물어 보십시오. 그리고 천부경을 반복해서 읽어야 합니다. 81자의 글자 중에서 내려오는데 글자마다 다 의미가 다릅니다. 자기가 한 공부를 점검해야 하는데 그렇게 하지 않으면 공부에 발전이 없습니다. 기준이 없기 때문입니다.

천부경은 바로 여러분들을 성통의 자리로 안내해 주는 열쇠입니다. 천부경이란 글자 그대로 하늘의 부호입니다. 하늘의 원리, 우주의 원리를 나타내는 부호입니다. 미국의 CIA나 FBI에는 전세계의 모든 부적과 경전이 수집되어 있습니다. 그것들을 모두 다 연구하고 해명하는데 천부경은 아직 해석하지 못한다고 합니다. 그 경전들로 국민성을 연구했으나 천부경은 글자 수도 얼마 되지 않는데 아무리 연구해도 풀어내지 못하고 있습니다.

원래 우리는 정신 문화의 역사를 가지고 있으므로 정신 문화의 역사를 알아야 합니다. 천부경이 한인천제를 통해 한웅천황에게 내려왔고 태우의太虞儀 천황의 막내 아들이 중국 시조인 태호복희이고 태호복희의 여동생이 여왜(여호와)입니다. 8괘는 태호복희가 거북이 등에서 보게 된 것입니다. 이스라엘의 아브라함이 공부한 것은 여호와가 영향을 미친 성경이었고 바빌로니아가 수메르를 정복하면서 아브라함이 이스라엘로 가게 되었고 아브라함에 의해 발전된 것이 여호와 하나님입니다.

하나님은 원래 하나입니다. 한웅 하나님이냐, 복희 하나님이냐, 여호와 하나님이냐가 다를 뿐 하나님은 하나입니다. 하나님은 바로 우리로 볼 때 아我에 해당하는 것입니다. 그러므로 윗사람에게 '나다' 라고 할 수 없으며 아랫사람 앞에서만 '내가' 라는 말을 할 수 있는 것입니다.

나라는 것은 크게 확대하면 우주라는 뜻입니다. 나라는 것은 우주의 축소판이기 때문에 우주를 가리킵니다. 또 하느님을 가리키는데 하느님이란 천부경에서 인중천지일이라 해서 사람 몸 안에 하느님이 다 들어가 있습니다. 천지인을 합해서 한이라고 하며 한에서 천지인이 나온 것입니다.

천지인은 하나에서 시작된 것입니다. 유교는 태호복희가 8괘를 64 괘로 발전시킨 것을 공자가 집대성한 것이고, 여호와는 아브라함, 모세에 의해서 발전된 것을 예수가 꽃피운 것이며 또 한웅천황 중에는 치액특천황이 있는데 그분이 티벳에 가서 천부경의 원리인 마음 자리를 알려 주었고 브라만이 마음의 중심을 가르친 것이 부처에 의해서 불교로 발전된 것입니다. 이 셋이 전부 한에서 나간 것이며 다시 우리 나라에 다 모여 있습니다.

신명계에서 이것은 다 아는 일입니다. 부처 하나님, 공자 하나님, 예수 하나님으로 분리해서 부르지만 원래는 하나입니다. 같은 하나님을 가지고 싸우는 것입니다. 우리는 그분들의 소원풀이를 해 주어야 합니다. 한문화원에서 단군 할아버지, 예수님, 공자님, 부처님의 소원까지 해결해 주어야 합니다.

우리 나라의 종교는 불교를 숭상하면 따라서 불교를 숭상하였고 유교를 숭상할 때는 같이 유교를 숭상했습니다. 미국 사람이 자기네의 정신을 주고 우리의 얼을 빼앗아 갔는데 정신을 줄 때는 꼭 선심을 써서 초콜릿이나 과자 부스러기를 줍니다. 사람은 물질을 뺏으면 고함을 지르나 정신을 뺏으면 통증을 모르기 때문에 고함을 지르지 않습니다.

그러므로 영리한 사람들은 물질을 먼저 빼앗지 않습니다. 우리가 한창 무식할 때 물질을 뺏는 것입니다. 그것은 남녀 간의 거래를 통해서 알 수 있는데 여자가 남자를 한창 좋아하면 좋은 것을 다 가져다 줍니다. 즉 정신만 뺏으면 나머지는 모두 해결되는 것입니다.

서구에서 성경이 들어갈 때는 항상 코카콜라가 따라갔습니다. 미국에서 우리 나라의 정신을 빼앗는 방법으로 똑똑한 애들을 공부시켜 정신을 바꿔 놓습니다. 그러면 그들은 그것이 옳은 것인 줄 알고 기를 쓰고 미국을 선전하게 됩니다. 또 우리 나라에 유교나 불교가 지배하던 때 자녀를 공부시켜 놓으니 삼국사기, 삼국유사같이 우리의 얼을 빼놓은 역사책이나 만든 것입니다. 그러니 그따위 얼빠진 역사 공부를 아무리 한들 거기에 무슨 민족의 정신이 살아 있겠습니까? 우리가 왜 정신을 찾아야 하느냐 하면 그래야만 우리가 원래의 모습대로 돌아갈 수 있기 때문입니다. 얼이 빠지면 방황을 하고 갈 곳을 못 찾아가게 됩니다. 사람이 왜 구도를 해야 하느냐 하면 얼이 이치를 바로 알아 하늘로 돌아가기 위해서입니다.

받기만 하고 주지 않는 사람은 도리를 모르는 사람입니다. 거래에는 순서가 있고 선후가 있으며 항상 주체가 있고 객체가 있는 것입니다. 그것이 혼란이 올 때 정신이 없어집니다. 구심력이 있고 원심력이 있습니다. 수많은 경전과 수많은 글을 살펴보아도 핵심은 거래입니다. 부모지간에도 장사를 잘 해야 합니다. 딱 쪼개 놓고 장사를 하면 되는데 괜히 사랑이니 뭐니 해서 복잡하게 해 놓습니다. 거래이기 때문에 싫으면 가는 것입니다.

지금 세상도 거래 원리를 적용하면 됩니다. 거래 원리란 다 같이 잘

사는 것입니다. 간단히 거래 원리로 설명하면 될 것을 사랑이네, 진리
네, 천국이네 하고 복잡하게 말함으로써 개념의 혼란을 가져오는 것입
니다. 그러한 사상 때문에 거래 개념에 혼란이 오게 됩니다. 교회나 절
이 엄청나게 커지는데도 사회가 혼란하기만 한 것은 사람들이 어리석
기 때문입니다. 도는 거래이기 때문에 거래를 잘 하면 됩니다. 그리고
죄를 지었으면 벌을 받아야지 예수님 찾고 부처님 찾는다고 죄가 없어
지는 것은 아닙니다. 영계가 신명계에서 붙어 먹을 수 없으니 인간들
에게 붙어 먹는 것입니다.

한문화 운동은 정신차리는 운동, 얼을 찾는 운동이며 거래 잘 하는
운동입니다. 장사 잘 하면 되는 것입니다. 사랑이라는 귀신에 홀리면
언제 살인자가 될지 모릅니다. 또 진리를 위해, 종교를 위해 국가를 위
해 집착해도 안 됩니다. 무엇을 위해서건 간에 살인은 살인으로 끝나
는 것입니다. 분명히 살인 자체가 중요합니다. 남녀 간에 사랑을 하다
가도 남자가 싫다고 하면 가면 되는 것이지 붙잡을 필요가 없는 것입
니다. 집착이 가장 어리석은 것입니다. 집착에서 벗어나 자유롭게 생
활해야 합니다.

그 동안 잘못된 것이 굉장히 많습니다. 잘못된 사상의 굴레, 잘못된
종교의 굴레에서 빨리 벗어나야 합니다. 성통을 하였다 하더라도 하늘
에서 볼 때 선한 일을 하지 않으면 아무 소용이 없습니다. 실적을 쌓지
않으면 안 됩니다. 사법고시에 합격할 수 있는 실력을 가진 사람이 5급
공무원 시험을 보아서 합격했으면 5급 공무원인 것과 같습니다. 알기

는 하늘만큼 아는 실력을 가지고도 손바닥만큼밖에 안 쓰는 것과 같습니다.

5급 공무원이 되었으면 5급 공무원이지 그 이상도 이하도 아닙니다. 시험도 안 보면 아무것도 아닌 것입니다. 이치를 알고 보니 사람들을 속일 것이 많고 돈 벌 일도 무척 많다는 것을 알았습니다. 그러나 신명계를 알고 나서 행한 대로 받는다는 것을 아니까 문화 운동밖에는 할 일이 없습니다. 빨리들 눈을 번쩍 떠서 결국 종교로는 해결 안 된다는 것을 알기 바랍니다.

지금은 정신 문명이 지배하는 가을의 시대입니다. 빨리 부자가 되는 길은 굶고도 살 수 있는 길입니다. 열흘 굶어도 끄떡 않으면 그것이 부자가 아닙니까? 자기 자신을 지배하는 것이 부자입니다. 우리 한문화원 식구들은 열흘 정도는 단식을 할 수 있어야 합니다. 기본적으로 자기 자신을 이길 수 있어야 합니다.

도는 거래입니다. 사랑에 속지 말고, 진리에 속지 말고, 애국에 속지 말고, 천당에 속지 말고, 지옥에 속지 말고, 인간에 속지 말아야 합니다. 도는 장사입니다. 진리가 어떻고, 천당이 어떻고 해 보아야 이상한 사람이 될 뿐입니다. 그러면 정신이 다 빠집니다. 순수한 사람을 앞장세워서 '천당, 천당' 한다고 갈 수 있는 것이 아닙니다. 밥 잘 먹고, 잠 잘 자고, 양심적으로 살면 됩니다.

정신을 구심점으로 물질을 추구해야 합니다. 물질을 거부하면 안 됩니다. 물질은 중요한 것입니다. 물질은 우리를 자유롭게 하는 것입니다. 그러나 우리는 어떻게 물질을 이용하고 활용해서 우리를 자유롭게 할 것인지를 생각해야 됩니다. 정신을 구심점으로 하고 물질을 거래하면 편안해집니다.

한문화 운동은 건강 운동입니다. 나도 건강해야 되겠고, 내 가족도 건강해야 되겠고, 그리하여 여러분 가정 자체가 이상 가정을 이루어야 합니다. 이상 가정을 이루려면 그 집안에 가훈이 있어야 하고 어떤 정신이 있어야 합니다. 그 정신으로 거래해야 합니다. 정신 없이는 거래가 안 됩니다. 그런 가정이 늘어야만 그런 사회가 늘어가는 것이지 그냥 이상 세계가 만들어지는 것이 아닙니다.

한 사람 한 사람이 이상인간이 되어야 하고, 자기 자신이 이상인간이 되어야 이상적인 상대를 찾을 수 있습니다. 이상인간과 이상인간이 만나야 이상적인 사회가 이루어집니다. 이상인간이란 심신이 건강하고 양심적이고 정서가 풍부하며 신령스러운 인간을 말합니다. 신령스러운 인간이란 우주의 질서를 아는 인간을 말합니다. 오는 곳이 어디이며 갈 곳이 어딘지를 아는 사람, 항상 우주의 진리, 우주심에 중심을 두고 사는 사람을 말합니다.

단학은 나와 민족과 인류를 살리는 길입니다. 여러분 스스로가 신명이 있어야 합니다. 인류에 대한 큰 사랑이 없으면 천지기운을 불러보아도 소용없습니다. 나 먹고 살려고 하는 데 천지기운은 필요치 않습니다. 정말 천지기운이 무엇인지를 알려는 심정으로 천지기운을 불러야 합니다. 심정에 따라 그 사람의 영혼이 발전하며 이왕 수련을 하려면 큰 그릇이 되어야 합니다. 그대 마음이 청정한 허공이 되면 그대와 우주는 이미 하나이며 그대 마음이 청정하지 못하면 혼란과 시비에 빠집니다.

하늘이 볼 때는 전부 하나입니다. 우리 한문화원에서는 어떤 하느님을 가르치느냐 하면 허공 하느님을 가르칩니다. 그러므로 숨만 끊어버리면 당장 죽습니다. 우리는 예수의 하느님, 공자의 하느님이 아닌 허공의 하느님과 직접 거래를 하고 있는 것입니다. 거래를 끊으면 그냥 끝나는 것입니다. 거래를 끊을 수가 없습니다. 우리는 허공심을 알아야 합니다. 하늘에서 보면 똑같은 자식인데 다 같이 잘살아야 합니다. 허공을 중심 삼을 수 있는 사람이 되어야 합니다. 허공 공부가 단학입니다.

큰 허공은 만물을 포용하고 작은 허공은 시비와 갈등을 일으킵니다. 맑고 맑은 허공이 되면 만물이 이미 그 품 안에 있으므로 사상, 철학, 종교, 아무것에도 부딪힘이 없습니다. '한' 정신 회복이 이 민족을 살리는 유일한 길이며 한민족의 구원이 인류의 구원입니다. 한민족이 한 정신으로 홍익인간 이화세계를 이루면 세계는 이미 지상천국, 선경낙토가 됩니다.

한민족을 살리는 길은 바로 허공 정신을 보급함으로써 사상적, 철학적, 국민적 시비가 끝나야 됩니다. 인류 구원은 조화와 화합으로써만 이루어지는 것입니다. 조화주는 원리로써 우주를 창조하고 세상을 다스립니다. 창조주의 원리도 인간이 그것을 이용하지 못하면 아무 소용이 없습니다.

가을 시대는 신을 활용하는 시기입니다. 활용하지 못하는 신은 소용 없습니다. 조화주의 주인은 천손입니다. 여러분은 천손입니다. 하늘을 마시고 먹으며 사는 사람이 천손입니다.

최고의 활법은 원리를 알려 주는 것입니다. 원리를 철저히 알아야 합니다. 원리를 정립하지 않으면 단학 수련을 10년, 20년 해도 실패합 니다. 원리를 모르고 숨을 쉬면 천손의 호흡이 아니라 사람의 호흡일 뿐입니다. 아주 귀중한 가보로 이것을 알려야 합니다. 과학자들은 원 리를 가지고 그 원리를 활용하지만 종교인들은 원리를 사용하지 않고 모시기만 했습니다. 구도인들은 과학자들보다 철저히 원리를 활용해 야 합니다.

우리 나라는 불교가 들어오면 한국의 불교가 되지 못하고 '부처의 한국'이 됩니다. 기독교가 들어오면 한국을 위한 예수가 아니고 '예수 를 위한 한국'이 됩니다. 또 우리 나라에 유교가 들어오면 한국을 위한 유교가 아니고 '공자를 위한 한국'이 되니 이것이 어인 일입니까? 이 것도 일종의 정신이긴 하지만 결국은 노예 정신일 뿐입니다. 한국 사 람은 너무나 이해타산에 둔합니다. 우리 나라에 많은 나라의 정신이 들어오면 그것이 한국을 위한 정신이 되어야 할 텐데 주객이 뒤바뀌었 습니다. 철저하게 주객이 전도된 이러한 상황이 바뀌지 않으면 우리의 정신을 찾을 수 없습니다. 바로 여러분들이 우리의 정신을 찾는 일을 할 수 있도록 기대를 걸겠습니다.

우리 민족의 과제

오늘은 우리 민족의 정신적인 뿌리와 우리가 해야 할 과제에 대해서 말씀드리겠습니다. 우리의 몸은 정신과 육체로 분리할 수 있습니다. 몸은 땅에서 받고 정신은 하늘에서 받습니다. 죽게 되면 우리가 나왔던 곳으로 즉, 몸은 땅으로, 정신은 하늘로 돌아갑니다.

그런데 우리의 몸은 우리의 부모를 통해서 나오게 됩니다. 그러기 때문에 우리 자신을 바로 알려면 혈통줄을 통해서만 알 수 있습니다. 그러나 죽으면 곧장 땅으로 돌아갑니다. 하늘은 땅을 포함합니다. 그러므로 우리의 진정한 부모는 하늘인 것입니다. 우리의 부모인 하늘과 통하려면 우리 민족의 사상을 통하지 않으면 안 됩니다. 우리 민족의 사상은 바로 천지인 사상이기 때문입니다.

우리의 역사는 배신의 역사입니다. 조선왕조는 최영 장군을 배신하고 위화도 회군을 한 이성계에 의해 창건되었습니다. 신라가 삼국을 통일할 때도 당나라 군사를 끌어들이는 등 배신의 역사를 거쳐오면서 우리의 고유한 민족 정신과 전통은 수없이 고난을 당하고 마디마디 끊겨져 왔습니다.

뿌리가 튼튼하지 못하면 줄기나 잎이 무성할 수 없습니다. 우리는 우리의 정통성을 잃어버렸습니다. 사상을 잃고 뿌리를 잃고 우리 민족이, 우리 자신이, 우리의 사상이 무엇인지도 모르고 외세의 문물에 끌려 다니고 현혹된 상태에 있습니다.

그런 중에도 최치원 선생이 말씀하신 풍류도가 있습니다. 풍류도는 유교도, 불교도, 도교도 아닌 이 모든 것을 포함한 우리 민족의 고유한 사상입니다. 우리 민족의 건국 이념은 홍익인간, 이화세계입니다. 한웅천황이 신시 개천할 때에는 구도 단체로 출발한 것입니다. 우리만 잘살자는 것이 아니고 모든 삶을 복되게 하고 인류를 이치로써 다스리자는 홍익인간, 이화세계의 이념으로 나라를 세운 것입니다.

천계天界에는 대부전大符殿이 있고 그 위에 천부전天符殿이 있습니다. 한웅천황이 천부전에서 대부전으로 내려와 영들을 교화할 때 세상을 내려다 보니 몸은 사람인데 하는 짓들은 개, 돼지와 다를 바 없었습니다. 이에 한웅천황이 삼천의 무리를 이끌고 인간을 교화하고자 세상에 내려온 것입니다.

신시 개천, 말 그대로 신령스러운 도시를 만든 것입니다. 이 신시에서 사는 사람들은 천손으로서 신령스러운 생활을 하고 있었습니다. 이것을 보고 주위에 있는 여러 부족들이 부러워하여 천손이 되고자 애를

썼습니다. 그 중에 지손인 웅족과 호족의 두 공주가 천손이 되고 싶은 뜻을 한웅천황에게 고하자 쑥과 마늘을 주고 백 일 간 굴 속에서 수련을 하게 하였습니다. 이 수련을 마친 웅족의 공주는 천손이 되어 한웅천황과 혼인을 하여 단군이 탄생된 것입니다.

우리는 지금 우리의 맥을 찾지 못하고 있습니다. 한웅천황이 인간을 교화하고자 세상에 내놓은 하늘, 천지인 정신, 한의 세계로 갈 수 있는 사상, 심신 수련법이 있었으면서도 그것을 잃어버린 상태에 있습니다. 웅족의 공주가 백 일 간의 수련으로 천손이 되었듯이 우리도 그러한 수련을 통해서 충분히 하늘과 하나가 될 수 있는 것입니다.

인간에게는 육체와 영혼이 있습니다. 영혼은 영과 혼으로 구분됩니다. 영은 우리가 잠잘 때 우리 몸에서 빠져나와 마음대로 돌아다닐 수 있습니다. 꿈을 꾸는 것은 영이 돌아다니면서 여러 가지를 보기 때문입니다. 그러나 혼은 몸에서 떠날 수 없습니다. 그것은 기에 의해 응집되어 있기 때문입니다. 혼이 나가면 기가 흩어져 죽음에 이르게 됩니다. 영은 자유롭게 떠다닐 수 있으나 혼은 죽음에 이르지 않고는 자유로워질 수 없습니다.

우리의 영은 자유롭기 때문에 많은 것을 보고 경험하여 우리의 혼을 순화시킵니다. 그런데 혼은 기에 휩싸여 있기 때문에 영의 말을 듣지 않고 기에 의해 좌우되기 쉽습니다. 저는 여러분의 영을 교화시킬 수는 있어도 혼은 여러분 자신이 교화시켜야 합니다. 여러분 각자의 혼은 타인이 관여할 수 없는 것입니다. 성인일수록 혼은 영의 교화에 잘 따릅니다.

완전히 영에 의해 움직이는 사람을 영인체라 합니다. 그런데 혼이 영의 말을 잘 듣도록 하는 수련 방법이 있습니다. 불교에는 불경이 있고 기독교에는 성경이 있듯이 구도 단체로 시작한 우리 민족에는 고유한 3대 경전이 있습니다. 천부경, 삼일신고, 참전계경이 있는데 그 중 삼일신고에 있는 지감, 조식, 금촉의 수련 방법이 바로 그것입니다.

단학선원에서 여러분을 지도하는 수련 방법이 바로 지감, 조식, 금촉의 수련 방법입니다. 지감, 조식은 누구나 할 수 있는 수련이지만 금촉 수련은 아무나 하는 것이 아닙니다. 진정으로 천화하기 위한 신명 단계의 수련이기 때문입니다. 이것은 구도의 마음가짐이 확고한 사람에게만 전하는 것입니다.

여러분의 몸은 성인이 되기에 조금도 부족함이 없습니다. 단지 정신만 성인으로 변하면 됩니다. 수련을 통해서 우리의 정신을 얼마든지 변화시킬 수 있습니다. 신앙심의 승화는 구도심으로 이어집니다. 양심으로 사는 사람은 그 양심이 곧 신앙입니다. 그러나 양심만으로는 완벽한 인간 완성에 이를 수 없습니다. 자기 자신에 대한 수양 없이는 인간 완성에 이를 수 없습니다.

완전한 신앙은 목숨과도 능히 바꿀 수 있어야 합니다. 구도심 역시 열 번 죽는 한이 있더라도 변함이 없어야 합니다. 이러한 확고한 마음이 있어야 여러분에게 금촉 수련법을 내려 줄 수 있습니다.

기운이 밝고 깨끗하면 그 영은 천계에까지 미칠 수 있어 천화할 수 있고, 기운이 탁하면 온갖 탁한 기운과 잡신을 끌어들이게 됩니다. 모든 세균에도 신이 있습니다. 기운이 맑고 깨끗하면 건강하고 건전한 생활을 할 수 있는 반면 기운이 탁하면 온갖 질병에 시달리고 타락의 길로 빠질 우려가 많은 것입니다.

물질 문명이 팽배해 있는 미국과 일본은 그 물질에 의해 발생된 인간의 오감을 만족시켜 주는 문화와 새로운 질병들이 발생하는 온상이 되어 버렸습니다. 이와 같이 물질 문명으로 인해 타락한 국가가 세계를 이끌어 나갈 수는 없습니다. 홍익인간 이화세계의 건국 이념을 가진 우리 민족이 세계를 구제하게 될 것입니다. 그러기 위해서는 우리의 천지인 정신과 민족의 역사를 바로 알아야 할 것입니다.

지금까지의 역사는 투쟁의 역사, 힘 있는 자만이 생존하는 역사였습니다. 타협과 조화를 말하는 자는 성인이거나 약자였습니다. 힘 있는 자들은 자신들의 강력한 힘으로 모든 것을 얻을 수 있었기 때문에 타협할 필요가 없었습니다. 그러나 현대에 있어서는 다릅니다. 조화와 화합이 없이는 서로 생존해 나갈 수 없는 지경에까지 이르게 되었습니다.

강대국들이 지닌 살상 무기는 지구의 생물을 몇십 번이고 멸종시킬 수 있을 만큼 강력합니다. 조금 생각할 수 있는 사람이라면 조화와 화합이 없이는 모두가 멸망의 길로 갈 수밖에 없다는 것을 잘 알고 있습니다.

2000년대는 모든 사람이 성인과 같은 정신을 갖게 될 것입니다. 그렇지 않고서는 생존할 수 없습니다. AIDS와 같은 무서운 질병과 난잡한 문화가 범람하고 있는 사회에서는 성인들과 같은 절제된 생활과 심신 수련을 행하지 않고서는 온갖 탁한 기운과 탁한 문화로 인해서 자기 자신이 멸망할 수밖에 없기 때문입니다.

우리의 건국 이념이었던 홍익인간 이화세계의 정신으로 이루어진 신시 개천시의 사회가 다시 돌아와야 만물과 조화를 이루는 천지인 정신이 생활화될 수 있습니다. 그렇게 함으로써 하나로 화합할 수 있는 사회를 건설하는 것이 우리 한문화원이 하는 일입니다. 인류 구원이 우리 민족의 사명입니다.

저는 여러분들 모두 천계에 갈 수 있기를 바라고 있습니다. 진정으로 구도심이 있는 사람이 저에게 가르침을 받고자 원한다면 그 방법을 알려 줄 수 있고, 천계의 천부전의 빛을 비춰서 영을 교육시켜 줄 수 있습니다. 여러분들의 영의 단계가 높아지려면 이러한 법문을 많이 들어야 합니다. 그래서 좋은 인연을 만나야 하는 것입니다. 구도심이 확고하고 열심히 수련을 한다면 누구나 천화할 수 있는 길을 찾게 될 것입니다.

이 수련을 하게 되면 첫째, 기를 느끼게 되고 둘째, 천지의 크나큰 은혜에 눈물을 흘리게 됩니다. 우주의 크나큰 은혜는 그 은혜가 너무 크기 때문에 우리가 제대로 느끼지 못하고 있는 것입니다. 셋째로는 신명 단계에 이르게 됩니다. 정신이 맑고 밝아져 우주 만물이 돌아가는 이치를 하나씩 터득하게 될 것입니다. 그렇게 됨으로써 본성광명 즉, 견성 단계에 이르게 됩니다.

이러한 견성의 단계에 이르기 위해서는 절제하는 생활과 많은 수련을 거쳐야 합니다. 저는 여러분에게 견성의 단계에 이를 수 있는 방법을 가르쳐 줄 수 있습니다. 그러나 저의 제자가 되는 것은 저에 대한 믿음이 확고할 때에만 가능합니다. 저는 수련을 점검해 줄 수 있습니다. 저에 대한 완전한 믿음이 없고 저의 말을 끝까지 믿지 못하면 수련 중에 나타나는 수많은 유혹과 위험에 빠지기 쉽습니다.

성경을 보면 아담과 이브가 에덴 동산에서 행복하게 지낼 때 선악과만은 따먹지 말라는 하느님 말씀을 끝까지 지키지 못하고 사탄의 유혹에 빠져 결국은 에덴 동산에서 쫓겨나고 출산의 고통과 생장소병몰의 고통을 당하게 되었습니다.

여러분이 수련하는 도중에 나타나는 현상에 대해 제가 주의 사항을 지적해 주면 여러분은 그것을 따라야 합니다. 여러분의 수련을 막기 위해서 그러는 것이 아닙니다. 저는 그런 세계를 보았기 때문에 무엇이 옳고 무엇이 그른지를 확실히 압니다. 저는 제자들이 열심히 수도해서 저보다 더 나은 위치에 가기를 진심으로 바랍니다.

성경에 카인과 아벨의 대목을 보면 인간이 맨 처음 살인하는 사건이 벌어집니다. 카인은 부모의 사랑을 독차지하려고 동생을 꾀어내어 돌로 쳐죽인 것입니다. 카인은 부모의 사랑을 못 받아서 그런 것이 아닙니다. 나 혼자만이 모든 사랑을 독차지하고자 한 욕심 때문에 인간 최초의 살인이 생긴 것입니다.

아브라함이 유일신을 부르짖으며 유태인을 교육시켰던 것은 민족을 위해서였습니다. 다신교와 언어의 분화로 분열을 일으켰던 것을 잘 알고 있던 아브라함은 오로지 유일신만을 섬기기 위해 성경에서 볼 수 있는 누가 누구를 낳고…… 낳고 하는 혈통줄을 처음부터 강조했던 것입니다. 그렇기 때문에 나라를 잃고도 2000년만에 다시 나라를 찾은 것입니다. 성경은 이와 같은 차원에서 읽고 이해해야 합니다.

우리는 지금 우리의 뿌리를 잃고 있습니다. 온갖 외래 문화와 사상이 우리 민족의 고유 사상과 전통을 덮어 버린 상태에 있습니다. 우리가 통일을 이루고 단합하기 위해서는 우리 민족의 뿌리를 찾고 전통을 바로 알아야 하겠습니다. 통일은 공산주의로도 민주주의로도 외세의 힘으로도 이룰 수 없습니다. 그것들은 남북한 공동의 것이 아니기 때문입니다.

우리에게는 한웅천황의 건국 이념과 천지인 사상과 단군의 역사가 있습니다. 이것으로 통일을 이루어야 하겠습니다. 이것은 남북한 주민 모두의 공통적인 뿌리이며 바람입니다. 우리의 역사와 사상을 바로 알지 못하고서는 통일도 홍익인간 이화세계도 이룰 수 없습니다. 근본을 알지 못하고서는 화합할 수 없기 때문입니다.

우리에게는 천화 사상이 있습니다. 최치원 선생이 말했던 풍류도는 유교도 불교도 도교도 아닌 이 모든 것을 포함한 사상인 것입니다. 우리가 죽으면 몸은 땅으로 돌아가고 영혼은 대천문을 통해서 하늘로 올라갑니다. 죽음은 끝이 아닙니다. 단지 땅에서 빌어 쓴 육체를 다시 반환하고, 원래 있었던 곳으로 돌아가는 것입니다. 영혼이 육체를 통해 많은 것을 느끼고 배워서 그 영혼의 단계를 높이는 것입니다. 이것이 완전히 이루어지면 육체는 할 일을 다한 것이고 다시 땅으로 돌아가게 됩니다. 그래서 죽을 때는 대천문을 통해 영혼이 하늘로 올라가면서 육체를 바라보며 "너, 그 동안 수고했다. 내 영혼을 성장시키기 위해 고생이 많았다. 이제는 땅으로 돌아가서 편안히 쉬거라" 하고 여유 있는 마음으로 미소를 머금고 죽음을 맞이할 수 있어야 하겠습니다. 영혼이 완성을 이루고 하늘과 하나 되어 육체를 미련없이 떠날 수 있는 것이 우리의 천화 사상입니다. 이렇게 육체를 통해 영혼의 완성을 이루고 육체를 떠나는 사람이 신선입니다.

노인의 문화가 바뀌어야 하겠습니다. 노인은 노인답게 죽을 수 있어야 합니다. 지금의 노인들은 어린아이같이 되어서 영혼의 완성을 이루지 못하고 죽고 있습니다. 이러한 영혼은 탁해서 천화하지 못하고 구천을 헤매다가 다시 사람으로, 축생으로 그 영혼의 에너지의 파장이 비슷한 단계로 윤회를 거듭하게 되는 것입니다. 영혼의 완성이 이루어져 천화할 수 있을 때까지 말입니다.

윤회는 지금 과학적으로 증명이 되고 있습니다. 늙으면 어린이와 같이 된다고 합니다. 하지만 노인은 노인다워야 합니다. 노인정에 가보면 모습은 노인이지만 하는 말이나 생각은 어린아이와 별로 다를 바가 없습니다. 자신의 아들 자랑이나 잡담을 하거나 바둑, 장기를 두고 TV를 보는 것이 고작입니다. 노인들은 죽음을 맞이하기 위한 수련을 할 필요가 있습니다.

죽음을 당하는 것이 아니라 수련을 통하여 천화할 수 있는 기회를 자신이 잡는 것입니다. 이러한 노인들을 사회에서 존경하지 않을 수 없습니다. 과연 지긋한 연륜처럼 고상하다고 느낄 것입니다.

고승들이 좌선을 한 채로 임종을 맞이한다는 것을 들어 본 적이 있을 것입니다. 그와 같이 자신의 임종은 자신의 의지대로 맞이하여 천화할 수 있는 수련을 해야 합니다. 우리의 고유한 사상과 수련 방법으로서 말입니다. 그래서 자손들에게 "나, 간다"라는 당당한 말을 남기고 자손들이 보는 가운데 천화할 수 있는 멋진 노인 문화를 만들어야 되겠습니다.

우리 민족에게는 다른 어느 나라에서도 찾아볼 수 없는 지고한 사상이 있습니다. 건국 이념 자체부터 세상을 교화시키기 위한 홍익인간 이화세계입니다. 우리 민족은 이스라엘이 말하는 선민이 아니라 천민 天民으로서 처음부터 구도 단체로 시작된 민족입니다. 우리의 이념이 세계에 알려지고 생활화되지 않고서는 인류가 구제되기 힘듭니다.

21세기는 성인들의 세상이며 조화와 화합의 세상이 될 것입니다. 한웅천황이 신시 개천을 했던 것처럼 신시를 우리가 다시 만들어야 하는 것입니다. 이 운동이 바로 민족의 뿌리를 찾고 민족의 사상과 전통을

생활 속에 심는 운동입니다. 인류를 구제할 수 있는 길은 우리의 홍익
인간 이화세계의 정신을 전세계에 알리고 생활화시키는 길입니다.

신성을 밝히는 길

초판 1쇄 발행 1990년(단기 4323년) 4월 10일
6판 11쇄 발행 2019년(단기 4352년) 3월 25일

지은이 · 이승헌
펴낸이 · 심정숙
펴낸곳 · (주)한문화멀티미디어
등록 · 1990. 11. 28. 제 21-209호
주소 · 서울시 강남구 봉은사로 317 논현빌딩 6층 (06103)
전화 · 영업부 2016-3500 편집부 2016-3533
http://www.hanmunhwa.com

편집 · 이미향 강정화 최연실 진정근
디자인 제작 · 이정희 목수정
마케팅 · 강윤정 권은주 | 홍보 · 조애리
영업 · 윤정호 조동희 | 물류 · 박경수

만든사람들
책임편집 · 이미향 | 디자인 · 이정희 이은경

ⓒ이승헌, 2007
ISBN 978-89-5699-294-5 03100